ACCESO GRATIS a la Lectura en la Nube

Para visualizar el libro electrónico en la nube de lectura envíe junto a su nombre y apellidos una fotografía del código de barras situado en la contraportada del libro y otra del ticket de compra a la dirección:

ebooktirant@tirant.com

En un máximo de 72 horas laborables le enviaremos el código de acceso con sus instrucciones.

AF276021

La inteligencia artificial como reto educativo actual

COMITÉ CIENTÍFICO
DE LA EDITORIAL TIRANT HUMANIDADES

MANUEL ASENSI PÉREZ
Catedrático de Teoría de la Literatura y de la Literatura Comparada
Universitat de València

RAMÓN COTARELO
Catedrático de Ciencia Política y de la Administración
de la Facultad de Ciencias Políticas y Sociología
de la Universidad Nacional de Educación a Distancia

M.ª TERESA ECHENIQUE ELIZONDO
Catedrática de Lengua Española
Universitat de València

JUAN MANUEL FERNÁNDEZ SORIA
Catedrático de Teoría e Historia de la Educación
Universitat de València

PABLO OÑATE RUBALCABA
Catedrático de Ciencia Política y de la Administración
Universitat de València

JOAN ROMERO
Catedrático de Geografía Humana
Universitat de València

JUAN JOSÉ TAMAYO
Director de la Cátedra de Teología y Ciencias de las Religiones
Universidad Carlos III de Madrid

Procedimiento de selección de originales, ver página web:
www.tirant.net/index.php/editorial/procedimiento-de-seleccion-de-originales

Carlos Novella-García
Editor

La inteligencia artificial como reto educativo actual

tirant humanidades
Valencia, 2025

© TIRANT HUMANIDADES
EDITA: TIRANT HUMANIDADES
C/ Artes Gráficas, 14 - 46010 - Valencia
TELFS.: 96/361 00 48 - 50
FAX: 96/369 41 51
Email:tlb@tirant.com
www.tirant.com
Librería virtual: www.tirant.es
DEPÓSITO LEGAL: V-4500-2025
ISBN: 978-84-1081-586-5

Si tiene alguna queja o sugerencia, envíenos un mail a: atencioncliente@tirant.com. En caso de no ser atendida su sugerencia, por favor, lea en *www.tirant.net/index.php/empresa/politicas-de-empresa* nuestro Procedimiento de quejas.

Responsabilidad Social Corporativa:
http://www.tirant.net/Docs/RSCTirant.pdf

GENERALITAT
VALENCIANA
Conselleria d'Educació, Cultura,
Universitats i Ocupació

Publicación subvencionada con número CIAORG/2023/26 por Resolución del director general de Ciencia e Investigación, por la que se conceden subvenciones para la organización y difusión de congresos, jornadas y reuniones científicas, tecnológicas, humanísticas o artísticas de carácter internacional (CIAORG-2023), para el ejercicio 2024.

Índice

Sobre los autores 11

Prólogo 17
Mónica Gomáriz Moreno

Introducción 19
Carlos Novella García

Capítulo 1
Hic sunt dracones ¿nos quedaremos paralizados ante la IA o exploraremos estos nuevos territorios educativos? 23
Faraón Llorens Largo

Capítulo 2
La inteligencia artificial y la ética en los centros educativos 43
Alicia Gomar Giner y Carlos Novella-García

Capítulo 3
El bienestar digital, una necesidad urgente de los sistemas educativos 63
María Ferrando García y Juan Antonio Giménez-Beut

Capítulo 4
Inteligencia artificial: un enfoque tridimensional para su articulación coherente en el aula 81
Azahara Casanova Pistón

Capítulo 5
Riesgo percibido en la red por la sociedad española 99
Remedios Aguilar-Moya, Alexis Cloquell-Lozano y Carlos Martínez-Herrer

Capitulo 6
Cine e inteligencia artificial: diferencias entre europa e iberoamérica. Fundamentos éticos y culturales 123
Vicente Gomar Escrivá e Ignacio Ballester Esteve

Sobre los autores

CARLOS NOVELLA GARCÍA

Doctor en Pedagogía por la Universidad Católica de Valencia (UCV) y Doctor en Filosofía Política con mención internacional por la Universidad de Valencia (UV). Actualmente es Profesor Acreditado Titular de Teoría de la Educación (ANECA) en la Facultad de Magisterio y Ciencias de la Educación de la UCV. Director del Máster Universitario en Dirección y Gestión de Centros Educativos y del grupo de investigación Política Educativa: Perspectiva nacional y supranacional. Cuenta con estancias de investigación en la Universidad Católica Nuestra Señora de la Asunción y la Universidad Nacional de Villarrica del Espíritu Santo (UNVES)de Paraguay en educación comparada. Profesor Honorario de la Universidad Nacional de Villarrica del Espíritu Santo de Paraguay. Miembro del equipo de investigación de la Cátedra Caixa Popular para el Estudio de los Desafíos Sociales y la Vulnerabilidad UCV. Sus investigaciones actuales se centran en las políticas educativas, la educación comparada y la historia de la educación en Europa e Iberoamérica.

FARAÓN LLORENS

Catedrático de E.U. de Ciencia de la Computación e Inteligencia Artificial de la Universidad de Alicante. Diplomado en Profesorado de EGB por la Universidad de Alicante, Licenciado en Informática por la Universidad Politécnica de Valencia y doctor Ingeniero en Informática por la Universidad de Alicante. Director de la Cátedra Santander-UA de Transformación Digital (2015-2023). Premio "Sapiens 2008 al Profesional", concedido por el Colegio Oficial de Ingenieros en Informática de la Comunidad Valenciana, premio "AENUI 2013 a la Calidad e Innovación Docente" concedido por la Asociación de Enseñantes Universitarios de la Informática y Leonardo da Vinci Medal 2022 de la European Society for Engineering Education (SEFI). Investigador del Grupo de Investigación Smart Learning: Tecnologías Inteligentes para el Aprendizaje. Sus trabajos se enmarcan en los campos de la inteligencia artificial, el desarrollo de videojuegos y la gamificación, la aplicación de las tecnologías digitales a la educación, el gobierno de las TI y la transformación digital de las universidades.

ALEXIS CLOQUELL LOZANO

Doctor en Cooperación para el Desarrollo por la Universidad de Valencia (UV). Actualmente es Profesor Acreditado Titular de Sociología (ANECA) en la Facultad de Magisterio y Ciencias de la Educación de la Universidad Católica de Valencia (UCV). Dirige la "Cátedra Caixa Popular para el estudio de los Desafíos Sociales y la Vulnerabilidad"; el grupo de investigación "Migraciones y Desarrollo Humano"; y la Oficina de Apoyo Metodológico a la Investigación (OAMI) de la UCV. Sus investigaciones actuales se centran en los movimientos migratorios, el cambio climático y la vulnerabilidad social.

VICENTE GOMAR ESCRIVÁ

Doctor en Geografía e Historia por la Universitat de València y profesor en el Departamento de Ciencias Sociales y Experimentales de la UCV. Ha sido vicedecano de la Facultad de Ciencias de la Educación, promotor del Plan de Innovación PIMM y director del Máster Universitario en Dirección y Gestión de Centros Educativos. Imparte docencia en el Grado y el Máster de Formación del Profesorado y lidera como IP proyectos de innovación metodológica. Organiza congresos y conferencias sobre historia, cine y educación, áreas en las que también publica. Además, desarrolla una importante labor como gestor cultural en instituciones de relevancia social y cultural.

REMEDIOS AGUILAR MOYA

Profesora Acreditada Doctora de la Universidad Católica de Valencia (UCV). Doctora en Pedagogía por la Universidad de Valencia. Directora del Departamento de Didáctica General, Teoría de la Educación e Innovación Tecnológica de la Facultad de Magisterio y Ciencias de la Educación de la Universidad Católica de Valencia. Miembro del equipo de investigación de la Cátedra Caixa Popular para el Estudio de los Desafíos Sociales y la Vulnerabilidad UCV. Como investigadora ha publicado en revistas científicas de impacto de carácter multidisciplinar. Cuenta con estancias de investigación en la Universidad de Viena y de Innovación de sistemas educativos en Noruega.

CARLOS MARTÍNEZ HERRER

Licenciado en Derecho por la UV. Doctor en Ciencias de la Educación. Máster en Abogacía. Personal de la Administración de Justicia, en excedencia. Catedrático de Enseñanzas Medias y profesor asociado de la UCV. Trabaja desde hace 25 años como profesor en Formación Profesional reglada, con alumnos en situación de vulnerabilidad.

JUAN ANTONIO GIMÉNEZ BEUT

Doctor en Pedagogía por la Universidad Católica de Valencia (UCV) y profesor Acreditado Titular por la ANECA. Miembro del Departamento de Didáctica General, Teoría de la Educación e Innovación Tecnológica de la Facultad de Magisterio y Ciencias de la Educación (UCV). Ha sido Vicedecano en dicha Facultad y parte de una experiencia educativa previa de más de 25 años en centros escolares. Sus investigaciones y publicaciones versan sobre la respuesta educativa a los acontecimientos socioculturales y económicos actuales así como el desarrollo de competencias profesionales docentes necesarias para lograr acometer dichos retos.

ALICIA GOMAR GINER

Graduada en Pedagogía con especialización en Pedagogía Terapéutica y en Magisterio en Educación Infantil y Primaria con mención en lengua inglesa. Posee dos másteres oficiales: en Formación del Profesorado (especialidad en Orientación Educativa) y en Gestión y Dirección de Centros Educativos. Actualmente cursa el doctorado en la Universidad Autónoma de Madrid sobre la ética y la inteligencia artificial en la formación docente. Ha desarrollado trabajos académicos sobre orientación en centros de menores, la evolución histórica de la inspección educativa en España, el análisis comparativo entre los directores de España e Irlanda, y la aplicación del mindfulness en Educación Infantil. Imparte clases en el Colegio Santa María de Valencia desde 2016, ha realizado prácticas en Irlanda, ha presentado ponencias en congresos internacionales y cuenta con formación en innovación y competencia digital.

AZAHARA CASANOVA PISTÓN

Licenciada en Filosofía, Doctora en Investigación y desarrollo educativos especializada en tecnologías aplicadas a la educación. Con más de 15 años de experiencia en formación superior ha dirigido el Máster en Innovación Tecnológica en educación en la Universidad Católica de Valencia San Vicente Mártir. Sus líneas de investigación se enmarcan dentro de la ética digital o la innovación tecnológica de ámbito formativo, lo que le ha llevado a publicar diversos artículos y capítulos de libro sobre la temática, desembocando recientemente en la publicación del primer análisis cienciométrico sobre Inteligencia Artificial y educación.

MARÍA FERRANDO GARCÍA

Graduada en pedagogía y maestra de infantil y primaria. Mención en Audición y Lenguaje y Pedagogía Terapéutica. Especialista en Neuropsicología. Máster en trastornos de conducta y bienestar digital. Formación específica en recursos educativos digitales, inteligencia artificial y pensamiento computacional.

IGNACIO BALLESTER ESTEVE

Doctor en Educación Física por la Universidad Católica de Valencia, San Vicente Mártir, institución en la que ejerce su responsabilidad como docente e investigador desde 2004. Es diplomado en Magisterio, especialista en Educación Física y Licenciado en Educación Física, lo cual acredita un bagaje en educación y en el contexto deportivo. Ha trabajado en clubes como el Valencia Club de fútbol y es profesor de cursos UEFA en materia de metodología desde 2013 en la Federación Valenciana de Fútbol. Ha publicado numerosos estudios en relación con las competencias profesionales específicas y desempeño profesional de técnicos y educadores deportivos, y en la actualidad dirige tesis doctorales con la intención de analizar la realidad de la formación en materia de deporte.

Prólogo

La inteligencia artificial (en adelante IA) se ha convertido en uno de los desafíos que más debate social, jurídico y educativo está generando en los últimos años. Se ha convertido en una de las herramientas tecnológicas más utilizadas actualmente en diferentes ámbitos aunque genera, a su vez, notables incógnitas para las que en muchas ocasiones no hay respuesta. Una herramienta tecnológica que desde una posición crítica todavía requiere de una atención formativa dedicada, y que genera mucho interés entre la comunidad educativa, y su uso práctico en nuestro día a día. Sin duda cabe, las posibilidades que ofrece son prometedoras, pero considerar la IA desde un marco formativo y ético es ahora clave.

La investigación y la reflexión en este sentido es imprescindible, siendo actualmente esta obra que se publica La inteligencia artificial como reto educativo actual un impulso de gran importancia para conseguir el equilibrio necesario. Una publicación que reúne a diferentes expertos reflexionando sobre qué posición está tomando la IA en la sociedad, en la universidad y en la escuela. Su valor añadido es la participación interdisciplinar en su redacción que puede ser ejemplo de cómo afrontar los retos que la IA está generando en las sociedades actuales. La colaboración interinstitucional y la cooperación son indispensables para afrontar los nuevos retos. Tratarla desde un ámbito único tecnológico probablemente deshumanizaría su creación perdiendo su potencial para mejorar la vida de las personas en el ámbito de la educación, la cultura, la sociedad, o en cualquier otro.

La Organización de Estados Iberoamericanos (OEI), con 76 años de trayectoria, como organismo decano en cooperación de Iberoamérica, promueve la transformación digital en su actividad cooperadora en áreas como educación, cultura, ciencia, lenguas y derechos humanos. Desde el instituto de formación desarrollamos formación continua especializada que acompañan estos procesos de transformación digital y el uso de la IA, siendo nuestro principal objetivo el desarrollo humano y la generación de oportunidades para construir un futuro mejor.

Mónica Gomáriz Moreno
Directora del Instituto Iberoamericano de Formación y Aprendizaje para la Cooperación (Organización de Estados Iberoamericanos)

Introducción

La política educativa es la que nos debe ayudar a ser mejores, al compromiso por el bien común, a formar a una ciudadanía que piense también en el otro, en la donación y en el servicio. Necesitamos humanizar los procesos de enseñanza-aprendizaje con tecnologías puestas al servicio de las personas que aprenden y enseñan y no al revés. Las sociedades actuales y colateralmente la escuela están casi obligadas a convivir con los continuos avances tecnológicos, como la inteligencia artificial que en los últimos años se ha convertido en un tema de debate educativo y social continuado sin llegar a demasiados acuerdos sobre la su idoneidad y aportación a la sociedad y a la escuela. Como cualquier otra tecnología requiere de una necesaria formación para impulsar esta convivencia equilibrada pero, sobre todo, una formación que se desarrolle en el marco de la ética. La amenaza no son las tecnologías, la amenaza real es cómo se usan las tecnologías, en este caso, la inteligencia artificial (en adelante IA). Es necesario humanizar la enseñanza-aprendizaje de las tecnologías y garantizar que la pedagogía, la formación y la tecnología promuevan la ética de la IA.

La publicación del libro *La inteligencia artificial como reto educativo actual* pretende contribuir a una necesaria reflexión sobre qué posición adopta la educación desde la escuela y la universidad en el uso de la IA. El título ya nos adelanta que se trata de un reto de gran relevancia para la educación teniendo su efecto en el futuro de las sociedades y su relación con los avances tecnológicos como la IA. Incorpora experiencias e investigaciones de expertos académicos como de miembros de instituciones internacionales de prestigio como son la Organización de Estados Iberoamericanos (OEI) y la Organización de las Naciones Unidas para la Educación, la Ciencia y la Cultura (UNESCO) que trabajan intensamente para dar respuesta a las numerosas incógnitas que genera esta nueva tecnología.

El libro abre con el capítulo de *Faraón Llorens Largo* "Hic sunt dracones, ¿nos quedaremos paralizados ante la IA o exploraremos estos nuevos territorios educativos?, determina que la IA combina matemáticas, ingeniería y datos, y debe entenderse como una herramienta y concepto. La IA generativa puede resolver problemas complejos, pero puede fallar en detalles muy simples. Afirma en su texto que actualmente los sistemas educativos están fallando a la hora de integrar las tecnologías porque no hay un modelo claro formativo. Advierte de que la pérdida de competencias lingüísticas por su uso inadecuado podría afectar al pensamiento crítico y la calidad educativa. Reflexiona sobre la necesidad de la cooperación, la inclusión y la ética en la implementación de IA en la educación para, de esta forma, garantizar que estas herramientas sean un puente hacia la igualdad y no una barrera.

En el capítulo 2, con el título "La inteligencia artificial y la ética en los centros educativos" los autores *Alicia Gomar Giner y Carlos Novella García*, incorporan la ética en la inclusión de la IA en los procesos de gestión de las escuelas como también en los procesos de enseñanza-aprendizaje de los diferentes niveles educativos. Hacen hincapié en la necesaria formación del profesorado en el uso técnico, pedagógico y ético de la IA. Se trata de una tecnología que puede estar al servicio de la calidad educativa. Realizan una revisión extensa sobre los marcos éticos y regulatorios impulsados desde la Unión Europea, la UNESCO y del Instituto Nacional de Tecnologías Educativas y de Formación del Profesorado (INTEF) de España. Proponen una redefinición del perfil competencial del alumno y del docente respecto a la herramienta de la IA.

María Ferrando García y Juan Antonio Giménez Beut en el tercer capítulo "El Bienestar Digital, una necesidad urgente de los sistemas educativos" plantean la necesidad de implementar un programa de bienestar digital desde una perspectiva preventiva y proactiva que integre las competencias emocionales y digitales favoreciendo una educación integral del estudiante que debe adaptarse cada vez más a un entorno crecientemente digitalizado. Analizan el programa CASEL como complemento a los planteamientos digitales incluidos en la Ley Orgánica que Modifica la Ley Orgánica de Educación (LOMLOE, 2020) como sistema educativo vigente en España.

El planteamiento de la ética en la IA se refuerza y extiende en sus diferentes ámbitos con el capítulo 4 de *Azahara Casanova Pistón* "Inteligencia artificial: un enfoque tridimensional para su articulación coherente en el aula" desde un estudio llevado a cabo con diferentes expertos nacionales concluye que la IA debe integrarse en la educación con garantías éticas y de seguridad desarrollando en el alumno competencias como la creatividad y el pensamiento crítico. Plantea una reflexión de interés en la que sitúa a las instituciones educativas en la iniciativa de elaborar sus propios protocolos de uso en base a la normativa sobre protección de datos y la Ley europea sobre Inteligencia artificial.

El planteamiento social de la IA nos viene dado con el quinto capítulo de *Remedios Aguilar Moya, Alexis Cloquell Lozano y Carlos Martínez Herrer* con el título "Riesgo percibido en la Red por la sociedad española" destacando el aspecto transformador de la IA en la sociedad como su uso a través de internet. Muestran a través de diferentes informes que existe una necesidad social en su uso adecuado por los altos niveles de riesgo que supone su integración creciente en la vida de las personas. Dedican especialmente un apartado al análisis del marco legislativo vigente en España sobre los riesgos en Internet e Inteligencia Artificial dando a conocer que hace falta actualmente una mayor regulación.

Se concluye esta obra con Vicente Gomar Escrivá e Ignacio Ballester Esteve con el capítulo 6 "Cine e Inteligencia Artificial: Diferencias entre Europa e Iberoamérica. Fundamentos Éticos y Culturales" con una propuesta original relacionada con una metodología a utilizar en las aulas universitarias que combina el cine y la IA. Los autores analizan de forma comparativa entre Europa e Iberoamérica el planteamiento de la IA a través de la representación cinematográfica observando profundas diferencias en las formas de entender la tecnología, la subjetividad y la ética. Su análisis determina que la IA en el cine se representa como temores existenciales, disputa, poder y aspiraciones utópicas y distópicas. Plantean la combinación cine-inteligencia artificial como una oportunidad para generar espacios de reflexión ética y pedagógica.

Carlos Novella García

Capítulo 1
Hic sunt dracones ¿nos quedaremos paralizados ante la IA o exploraremos estos nuevos territorios educativos?

Faraón Llorens Largo

1. INTRODUCCIÓN

Los mapas medievales marcaban con la frase *hic sunt dracones* (aquí hay dragones) los territorios inexplorados, aquellos donde acechaba lo desconocido y el miedo frenaba la curiosidad por adentrarse en ellos. Hoy, la inteligencia artificial (IA) ocupa ese espacio en el mundo educativo: un territorio que algunos contemplan con recelo, temiendo que desplace la creatividad y el pensamiento crítico, mientras otros lo ven como una oportunidad para ampliar las fronteras del conocimiento. ¿Nos quedaremos inmóviles ante los desafíos que plantea la IA o nos atreveremos a explorar sus posibilidades? En este capítulo, navegaremos entre mitos y realidades, identificaremos los riesgos y las oportunidades, y reflexionaremos sobre el papel de la inteligencia artificial, y la IA generativa en particular, en la enseñanza y el aprendizaje.

La pregunta no es si la IA formará parte de la educación, sino cómo elegimos integrarla. Si no somos los expertos en educación quienes tomamos las riendas de esta integración, corremos el riesgo de que sean las grandes empresas tecnológicas las que definan cómo se incorpora la inteligencia artificial en las aulas. La historia nos ha mostrado que cuando la innovación educativa es impulsada únicamente por intereses comerciales, las decisiones no siempre responden a criterios pedagógicos, sino a modelos de negocio. La IA tiene el potencial de enriquecer el aprendizaje, pero también de generar dependencia de las plataformas, sesgos en los contenidos, hiperpersonalización y una automatización que desplace el papel fundamental del docente. Por ello, es imperativo que los educadores, investigadores y responsables académicos lideremos este proceso, asegurando que la tecnología se adapte a las necesidades de la enseñanza y no al revés. Solo así podremos garantizar una integración ética, crítica y centrada en el desarrollo del pensamiento y la creatividad de los estudiantes.

2. HIC SUNT DRACONES

El uso original de los cartógrafos de la etiqueta *hic sunt dracones* para marcar aquellas zonas inexploradas de los mapas, se ha generalizado como metáfora para disuadirnos de aventurarnos en espacios donde impera la incertidumbre, paralizándonos al dejarnos llevar por el miedo ancestral a lo desconocido. El uso de dragones, esos seres mitológicos, dota también a la frase de cierto sentido sobrenatural y mágico. Y la magia atrapa y asusta al mismo tiempo a los humanos: nos atrae con su promesa de lo imposible, pero también nos inquieta porque desafía lo que conocemos y controlamos. En los mitos y relatos de todas las culturas, encontramos esta dualidad: los hechiceros y magos son tanto guías iluminados como figuras peligrosas; los objetos encantados pueden ser fuente de poder o desencadenar tragedias; los conjuros abren puertas a lo extraordinario, pero también pueden traer consecuencias inesperadas.

En el mundo moderno, la tecnología ha ocupado el lugar que antes tenía la magia. Tal como advertía Arthur C. Clarke, "cualquier tecnología lo suficientemente avanzada es indistinguible de la magia". La inteligencia artificial, como tecnología avanzada en estos momentos, entra de lleno en ese espacio desconocido y en cierto sentido mágico. Y por ello, sus avances evocan esa misma mezcla de asombro y temor: por un lado, nos maravilla su capacidad para generar textos, imágenes, voz y vídeo, automatizar tareas y tomar decisiones, expandiendo nuestras posibilidades a limites inimaginables hace poco; por otro, nos preocupa lo que pueda significar para el futuro del trabajo, la privacidad o la creatividad humana (Llorens y Molina, 2024).

Estas advertencias medievales reflejaban no solo la falta de conocimiento sobre ciertas regiones, sino también el temor a lo que pudiera encontrarse más allá de los límites del mundo conocido. Sin embargo, fueron precisamente aquellos que desafiaron estos miedos (exploradores, científicos e innovadores) los que ampliaron nuestras fronteras y nos permitieron comprender mejor el mundo. Como en los cuentos antiguos, nos encontramos frente a una puerta mágica que puede llevarnos a un territorio inexplorado. ¿Nos atreveremos a cruzarla? ¿O nos quedaremos paralizados, temerosos de los dragones que pueda haber al otro lado?

Hoy, el ámbito educativo, inmerso en avances tecnológicos que facilitan la experiencia educativa, pero con aún grandes interrogantes sobre cómo aprendemos los humanos, se encuentra ante un nuevo territorio inexplorado: la inteligencia artificial. Su irrupción plantea preguntas fundamentales sobre el papel del docente, la naturaleza del aprendizaje y los límites de la automatización en la enseñanza (Llorens, 2022). Para algunos, la IA representa un dragón amenazante que pone en peligro los valores esenciales de la educación; para otros, es una herramienta poderosa que puede abrir caminos insospechados en la enseñanza y el aprendizaje.

Si nos dejamos paralizar por el temor o nos limitamos a reaccionar ante las transformaciones que impone la tecnología, corremos el riesgo de que otros decidan por nosotros. Como ha ocurrido en anteriores revoluciones tecnológicas, quienes se atreven a trazar nuevos mapas son los que determinan las reglas del juego. Si los educadores no asumimos un papel activo en esta exploración, serán otros (empresas tecnológicas, mercados globales y modelos de negocio ajenos a la pedagogía) quienes definan cómo y con qué propósito se integra la IA en la educación (Llorens, 2019; Llorens, 2021). Baste dar un vistazo a las redes sociales y su impacto en nuestros jóvenes (y no tan jóvenes).

Explorar este territorio no significa aceptarlo sin crítica, sino cartografiar sus riesgos y oportunidades con la mirada atenta de quienes comprenden la esencia del aprendizaje. La pregunta clave no es si la IA transformará la educación, sino cómo podemos hacer que esta transformación responda a principios pedagógicos sólidos y beneficie realmente a estudiantes y docentes. Los dragones en el mapa pueden ser un peligro, sí, pero también pueden ser el símbolo de un desafío que merece la pena enfrentar.

3. EL OXÍMORON DE LA INTELIGENCIA ARTIFICIAL

Tras la irrupción de ChatGPT a finales de 2022, en algunas publicaciones, se ha calificado peyorativamente el termino *inteligencia artificial* como un oxímoron. Se argumenta que si es inteligente, no puede ser artificial; y si es artificial, no puede ser inteligente. Este tipo de crítica, más que una reflexión profunda, parece un intento de desacreditar la tecnología atacando su denominación, una variante de la falacia *ad hominem*[1]. Tal como dicen Sigman, y Bilinkis (2023), "a medida que la ciencia avanzaba, la delimitación entre lo que era y no era inteligencia iba cambiando, el desafío se renovaba y la definición funcionaba como una suerte de idea aspiracional: inteligencia es todo lo que las máquinas no hacen".

Sin embargo, el calificativo de oxímoron no necesariamente menoscaba el concepto, sino que lo enriquece. La propia RAE define oxímoron como la "combinación, en una misma estructura sintáctica, de dos palabras o expresiones de significado opuesto que originan un nuevo sentido". Y es precisamente en ese nuevo significado, en la tensión entre inteligencia y artificial, donde radica el verdadero desafío: más que

---

1.　Argumento que consiste en refutar una afirmación en función del carácter o de algún atributo del emisor de la afirmación, en lugar de analizar el contenido sustancial del argumento en sí mismo (Wikipedia).

descartar el término, tal vez ha llegado el momento de cuestionar nuestra propia noción de inteligencia (Llorens, 2024a; Llorens, 2024b).

¿Puede algo artificial ser realmente inteligente? ¿Estamos proyectando en las máquinas nuestras propias expectativas y sesgos?¿Estamos midiendo la inteligencia únicamente desde una perspectiva humana? ¿O deberíamos aceptar que la IA nos obliga a repensar y ampliar este concepto?

Aunque su uso se ha popularizado en los últimos años, el término *inteligencia artificial* apareció por primera vez en 1956, durante el Congreso de Dartmouth (New Hampshire, EE.UU.). En aquel encuentro, pioneros de la IA como John McCarthy, Claude Shannon, Marvin Minsky, Frank Rosenblatt, Herbert Simon y Allen Newell se propusieron un desafío ambicioso: estudiar cómo lograr que las máquinas, que en plena expansión ya abordaban tareas más allá de las puramente físicas, pudieran ejecutar funciones habitualmente reservadas a los humanos. Su objetivo inicial era doble: por un lado, dotar de inteligencia a los ordenadores; por otro, avanzar en la comprensión de los principios que hacen posible la inteligencia humana.

De manera simplificada, podríamos definir la inteligencia artificial como el estudio de la inteligencia a través de las ideas y métodos propios de la computación. Sin embargo, esta definición resulta demasiado genérica. Existen múltiples formas de conceptualizar la IA, pero todas conllevan limitaciones y sesgos. Si ya es difícil definir qué es la inteligencia, más aún lo es precisar qué entendemos por inteligencia artificial, especialmente porque su significado va evolucionado con el tiempo. Lo que en la primera mitad del siglo XX se habría considerado claramente inteligente, hoy se percibe como simple automatización. De hecho, muchas de las capacidades actuales de las máquinas habrían asombrado a generaciones anteriores, que sin duda las habrían calificado de inteligentes.

La dificultad de ofrecer una definición precisa de inteligencia artificial ha quedado patente en el *Reglamento Europeo de Inteligencia Artificial.* Sin embargo, no podemos regular aquello que no hemos delimitado con claridad. Por ello, la normativa opta por definir *sistema de IA*, utilizando una extensa y exhaustiva definición: "sistema basado en una máquina que está diseñado para funcionar con distintos niveles de autonomía y que puede mostrar capacidad de adaptación tras el despliegue, y que, para objetivos explícitos o implícitos, infiere de la información de entrada que recibe la manera de generar resultados de salida, como predicciones, contenidos, recomendaciones o decisiones, que pueden influir en entornos físicos o virtuales" (UE, 2024). Esta definición la podemos desglosar en varios elementos clave:

- **Basado en una máquina.** Cualquier sistema de IA, por complejo que sea, se sustenta en hardware y software.

- **Diferentes niveles de autonomía.** Destaca la capacidad del sistema para operar con distintos grados de independencia, desde sistemas asistidos hasta completamente autónomos.

- **Capacidad de adaptación tras el despliegue.** Algunos sistemas pueden mejorar su rendimiento con el tiempo una vez que están en funcionamiento.

- **Objetivos explícitos e implícitos.** Mientras que algunas IA cumplen metas definidas de antemano, otras infieren sus objetivos a partir de patrones o datos previos.

- **Inferencia de resultados a partir de datos de entrada.** Estos sistemas procesan información de diversas fuentes (texto, imágenes, señales, etc.) y aplican algoritmos para generar predicciones, recomendaciones o contenidos personalizados.

- **Aplicación en entornos físicos o virtuales.** Pueden operar tanto en el mundo físico (robots aspiradora o vehículos autónomos) como en el digital (asistentes conversacionales o recomendadores en línea).

Esta definición, aunque técnica y detallada, sigue dejando margen para la interpretación y evolución del concepto, reflejando la naturaleza dinámica de la inteligencia artificial. Sin caer en especulaciones lindantes con la ciencia ficción, no abordaremos aquí la cuestión de la *superinteli-*

gencia (Bostrom, 2016), pero sí es relevante diferenciar entre dos grandes categoría de IA: la inteligencia artificial débil o estrecha (*artificial narrow intelligence* o ANI), que se enfoca en problemas específicos y se limita a ejecutar tareas concretas sin comprenderlas realmente, simplemente actuando como si fuese inteligente; y la inteligencia artificial general (*artificial general intelligence* o AGI), que aspiraría a replicar la flexibilidad cognitiva humana, enfrentándose a una amplia variedad de problemas y planteando la cuestión de si las máquinas pueden realmente pensar.

En este apartado hemos reflexionado sobre el concepto de inteligencia artificial, su evolución histórica y las tensiones inherentes entre su carácter *inteligente* y *artificial*. Tras examinar las expectativas, los mitos y las críticas que rodean a la IA, hemos sentado las bases filosóficas y estamos preparados para un análisis más técnico.

4. SALTOS CUALITATIVOS EN EL APRENDIZAJE DE LAS MÁQUINAS

Aunque hemos comenzado este capítulo destacando el carácter extraordinario de la magia, sabemos que detrás de cada truco hay un profundo conocimiento sobre el funcionamiento del cerebro y sus vulnerabilidades. La magia no se basa tanto en el misterio como en la técnica: juega con la percepción y los sentidos para crear ilusiones. Del mismo modo, podemos ver la inteligencia artificial como una especie de bola de cristal, un *palantir*[2], ese oráculo que parece predecir el futuro

---

2.   Un *palantir*, o piedra vidente, es un objeto ficticio creado por J. R. R. Tolkien en *El Señor de los Anillos*. Estas enigmáticas esferas permitían a su portador ver escenas de lugares distantes e incluso vislumbrar fragmentos del pasado o del futuro. Además, cada *palantír* podía conectarse con otros, posibilitando la comunicación mental entre sus custodios. Sin embargo, lejos de ser un mero objeto pasivo, su uso no estaba exento de riesgos: quien miraba a través de él podía verse influenciado o incluso manipulado por voluntades más poderosas.

(¿y cambiarlo?). Sin embargo, lo que realmente hay detrás es ingeniería, matemáticas y datos.

Existen excelentes libros que explican en detalle los fundamentos técnicos de la inteligencia artificial (Russell y Norvig, 2021), y sería imposible resumirlos en las breves páginas de este capítulo introductorio. Sin embargo, sí podemos destacar los avances tecnológicos que han permitido a las máquinas desarrollar capacidades de razonamiento y aprendizaje autónomo, logrando auténticos saltos cualitativos en su evolución. Podemos identificar tres niveles clave en este progreso. En el primero, las máquinas solo hacen lo que se les indica, utilizando reglas y algoritmos que encapsulan el conocimiento de los expertos. En el segundo, las máquinas aprenden a partir de grandes volúmenes de ejemplos, modelando su comportamiento en función de cómo han actuado los expertos en el pasado. Finalmente, en el tercer nivel, las máquinas compiten entre sí y refinan su desempeño de manera autónoma, optimizando su aprendizaje en función de un objetivo formalizado. Veamos cada uno de estos niveles con más detalle.

Reglas y algoritmos basados en conocimiento experto. En este nivel, las máquinas no aprenden por sí mismas, sino que siguen instrucciones explícitas codificadas por humanos. Se basan en reglas lógicas y algoritmos diseñados para procesar información de manera estructurada. Este enfoque fue dominante en los primeros sistemas de inteligencia artificial, donde los expertos definían manualmente conjuntos de reglas que la máquina aplicaba para tomar decisiones. Ejemplos de ello son los sistemas expertos basados en reglas (Figura 1) y los motores de búsqueda tradicionales, que utilizaban coincidencias exactas de palabras clave sin capacidad de adaptación o mejora basada en la experiencia de los usuarios.) y los motores de búsqueda tradicionales, que utilizaban coincidencias exactas de palabras clave sin capacidad de adaptación o mejora basada en la experiencia de los usuarios.

Figura 1. Sistemas expertos basados en reglas

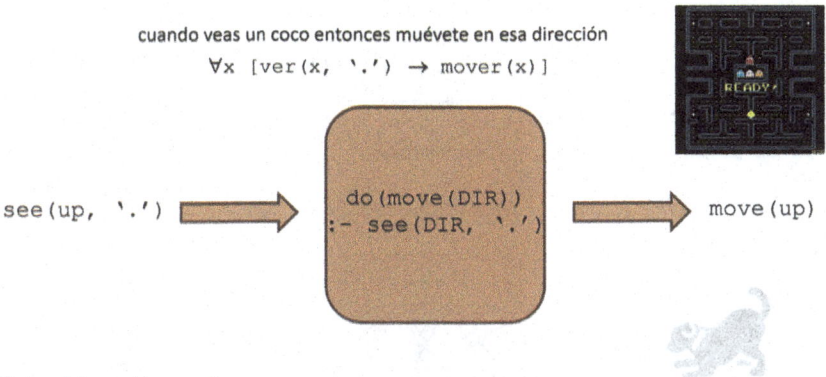

Nota: elaboración propia.

Aprendizaje a partir de datos. Inspirándose en el desarrollo de la inteligencia humana, las máquinas comienzan a aprender a partir de ejemplos. En este enfoque, los sistemas analizan grandes volúmenes de datos históricos etiquetados para identificar patrones y generalizar su comportamiento en función de ellos. A diferencia del nivel anterior, donde el conocimiento se introduce manualmente, aquí se extrae automáticamente de los datos. Por ejemplo, los actuales sistemas de visión artificial, entrenados con miles de imágenes etiquetadas, puede aprender a diferenciar perros de gatos sin que nadie le explique explícitamente las características de cada uno (Figura 2). Otro ejemplo es el de los traductores automáticos, que se entrenan con millones de textos traducidos por humanos para inferir patrones y realizar traducciones más precisas.

Figura 2. IA predictiva mediante aprendizaje automático con redes neuronales

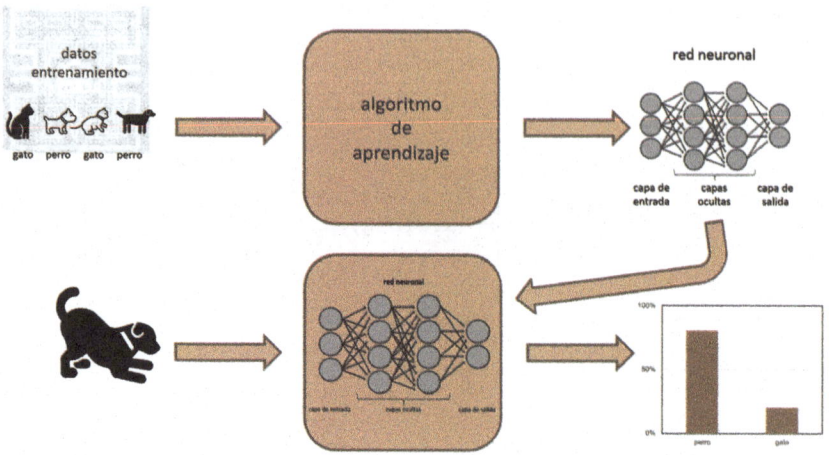

Aprendizaje por refuerzo y competencia entre máquinas. En este nivel, las máquinas aprenden mediante ensayo y error, compitiendo entre sí o explorando múltiples estrategias para optimizar su desempeño. Se emplea el aprendizaje por refuerzo, donde un agente recibe recompensas o penalizaciones en función de sus acciones, ajustando su comportamiento para maximizar su éxito en un entorno dinámico. Este enfoque es particularmente útil en escenarios donde no se dispone de un conjunto de datos preexistente y las decisiones deben tomarse en función de la interacción con el entorno. Un caso representativo es el de AlphaGo, el sistema de DeepMind que venció al campeón mundial de Go. AlphaGo no se limitó a imitar partidas pasadas, sino que jugó contra sí mismo millones de veces, optimizando sus estrategias mediante autoaprendizaje.

Otro ejemplo es el de las redes generativas de confrontación (*generative adversarial networks* o GAN), en las que una red generadora de imágenes y una red discriminadora trabajan juntas: la primera intenta generar imágenes cada vez más realistas, mientras que la segunda mejora su capacidad de detectar imágenes sintéticas (Otro ejemplo es el de las redes generativas de confrontación (generative adversarial networks o GAN), en las que una red generadora de imágenes y una red discriminadora trabajan juntas: la primera intenta generar imágenes cada vez más realistas, mientras que la segunda mejora su capacidad de detectar imágenes sintéticas (Figura 3). Este proceso competitivo permite que ambas redes evolucionen y alcancen niveles de sofisticación notables.). Este proceso competitivo permite que ambas redes evolucionen y alcancen niveles de sofisticación notables.

Figura 3. Redes generativas de confrontación

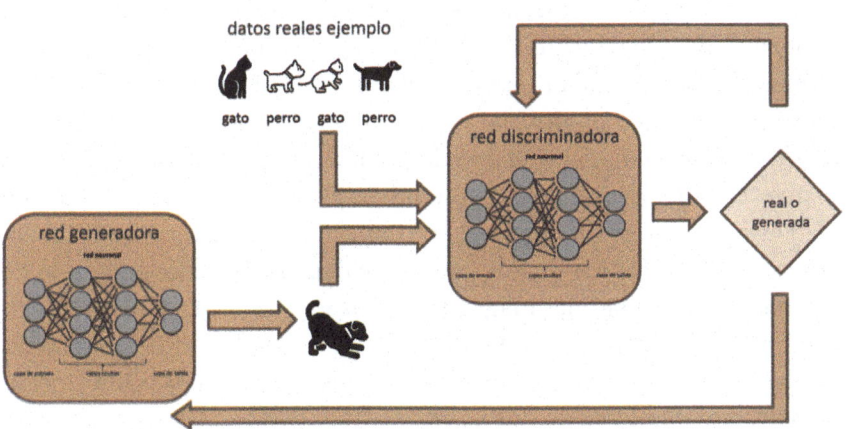

Nota: elaboración propia.

Estos tres niveles representan una evolución en la manera en que las máquinas adquieren y aplican conocimiento. Desde sistemas rígidos basados en reglas (*haz lo que te digo*) pasando por modelos que aprenden de datos (*haz lo que hago*) hasta agentes que optimizan su comportamiento mediante competencia y autoaprendizaje (*¿qué estás haciendo?*). En este último caso, la IA aprende a maximizar su función objetivo (por ejemplo, mantener conectado al usuario el mayor tiempo posible para obtener mayores ingresos por publicidad), y esa función la define el propietario de la IA. Cada salto ha permitido avances significativos en inteligencia artificial, acercándonos a sistemas más autónomos, y sofisticados, pero también planteando nuevos desafíos éticos y de control. Y el ámbito educativo es especialmente sensible a estos aspectos. Por ello, es fundamental abordarlos con rigor y cautela, asegurando que su implementación beneficie realmente a estudiantes y docentes sin comprometer principios esenciales como la equidad, la transparencia y la autonomía del aprendizaje.

5. DUBITARE AUDE!

La frase *Dubitare aude!* (atrévete a dudar), parafraseando la conocida expresión del filósofo Immanuel Kant *Sapere aude!* (atrévete a saber), enmarca una reflexión crítica sobre la integración de la IA en el sistema educativo, al haber pasado de un mundo en el "que muchos creían que no sabían y aceptaban la palabra de los que supuestamente sí", a uno en el que "hay muchos que creen que saben y que los que los contradicen sólo están tratando de engañarlos" (Caparrós, 2024). Y si esto no fuera suficiente, llega la IA, y su enorme capacidad de creación, poniendo en duda la autenticidad de imágenes, vídeos y noticias. Este apartado es, por tanto, una invitación a los educadores a integrar la IA de manera deliberada y reflexiva, equilibrando la innovación con los valores pedagógicos tradicionales.

No pretendemos aquí detallar una serie de recomendaciones sobre la incorporación de la IA en la docencia universitaria. Existen numerosos informes y guías, tanto nacionales como internacionales, que abordan esta cuestión desde diversos niveles educativos, aunque recogemos fundamentalmente las relacionadas con la educación superior (UNESCO, 2023a; UNESCO, 2023b; U.S. Department of Education, Office of Educational Technology, 2023; López Galisteo, Rodríguez Calzada y Montes Diez, 2023; UC3M, 2023; UNED, 2023; UOC, 2023; UE, 2023; GOV. UK, 2024; Oficina C, 2024). En su lugar, nos centraremos en destacar algunos aspectos clave que, a nuestro juicio, definirán un mundo educativo que realmente quiera aprovechar el potencial de la IA.

En el mundo educativo, las preguntas son mucho más que un medio para obtener respuestas; son el motor del pensamiento crítico y la herramienta que impulsa el aprendizaje profundo. Desde la antigüedad, el método socrático nos enseña que el verdadero conocimiento emerge del diálogo, de cuestionar nuestras certezas y explorar nuevas perspectivas a través de preguntas cuidadosamente formuladas. Hoy, en la era de la inteligencia artificial generativa, este principio adquiere una relevancia renovada (García Peñalvo, Llorens Largo y Vidal, 2024). Al igual que un buen diálogo socrático depende de preguntas hábiles, el potencial de la IA generativa se despliega plenamente cuando sabemos plantear *prompts* claros, creativos y precisos. Una pregunta bien formulada no solo guía a los estudiantes a descubrir respuestas, sino que también conduce a la IA a generar ideas, textos y soluciones más ricas y útiles (Llorens, 2023a).

En este nuevo escenario, enseñar a hacer preguntas, tanto a humanos como a máquinas, se convierte en una habilidad esencial. Porque, al final, la calidad de las respuestas, ya sea en un aula o en una interacción con un modelo de IA, depende en parte de la calidad de las preguntas que las provocan. Es más, en un mundo donde las respuestas son cada vez más accesibles, el verdadero valor radica en saber qué preguntar.

Contamos con una herramienta poderosa capaz de potenciar el conocimiento y las habilidades de cualquier persona. Es cierto que la inteligencia artificial permite a cualquiera aparentar saber más de lo que realmente sabe, generando una ilusión de competencia sin comprensión real. Sin embargo, quienes posean un conocimiento sólido y utilicen la IA como aliada serán más eficientes y eficaces. Como los cíborgs, que combinan lo biológico con lo tecnológico para ampliar sus capacidades, la unión de la inteligencia humana con la artificial ofrece un potencial inigualable (Llorens, 2023b). La educación superior debe asumir el reto de formar individuos que no solo dominen su campo de conocimiento, sino que también sepan integrar la IA de manera estratégica. Aprender a colaborar con las máquinas no es una opción, sino una necesidad para alcanzar un futuro en el que la inteligencia aumentada nos permita superar nuestras propias limitaciones (Llorens, 2024c).

La llegada de la inteligencia artificial generativa ha despertado en el mundo de la educación entusiasmo y pánico, en proporciones similares (García-Peñalvo, 2023). Se dijo que transformaría por completo la forma en que enseñamos, aprendemos y evaluamos, que sería una tecnología educativa disruptiva (Alier, García-Peñalvo y Camba, 2024). No obstante, pasado el fervor inicial, surge una cuestión inevitable: ¿ha cumplido realmente con todas sus promesas o, como tantas otras tecnologías, ha generado más expectativas que cambios reales? La respuesta, sin duda, variará según a quién se le pregunte. Mientras cada uno obtiene su propia respuesta, lo que sí parece evidente es que no conviene subestimar ni ignorar esta tecnología. Al fin y al cabo, su impacto afecta directamente a la esencia de nuestra labor docente: el desarrollo del pensamiento en nuestros estudiantes (Llorens, 2024d).

6. POR UNA IA SEGURA EN EDUCACIÓN

Demasiadas veces, el debate sobre la integración de la IA en la educación se queda en aplicaciones concretas y preocupaciones inmediatas, dejando de lado una reflexión más profunda sobre su impacto a medio y largo plazo. Sin embargo, la magnitud del cambio que supone exige un enfoque más amplio y estratégico, que garantice que estas tecnologías contribuyan al bienestar humano sin socavar los valores fundamentales de nuestras democracias (Cortina, 2024).

Es imprescindible reimaginar el papel de la IA en la educación desde una perspectiva equitativa y transformadora, asegurando que su desarrollo y aplicación beneficien realmente al aprendizaje (Selwyn, 2024). Esta reflexión no puede limitarse a unos pocos expertos o responsables institucionales, sino que debe involucrar a toda la comunidad educativa: estudiantes, docentes, investigadores y gestores.

En un contexto de rápida evolución, la IA abre enormes posibilidades para enriquecer la enseñanza, optimizar procesos administrativos y brindar un apoyo más personalizado a estudiantes y educadores. Pero junto a estas oportunidades emergen también grandes responsabilidades. Una gobernanza sólida y eficaz es clave para garantizar un uso ético y responsable de la IA, protegiendo derechos y fomentando una innovación que fortalezca, en lugar de debilitar, el sistema educativo (Molina-Carmona y García-Peñalvo, 2024).

La integración de principios éticos en el diseño e implementación de herramientas educativas basadas en IA es esencial para garantizar su uso responsable. El *Manifiesto para una IA Segura en la Educación* (Alier-Forment y otros, 2024) establece una serie de principios fundamentales para constatar que la IA se implementa en entornos educativos de manera ética, segura y alineada con los valores esenciales de la educación. En síntesis, estos principios incluyen:

- La IA no puede sustituir la responsabilidad educativa de los docentes.

- Se desaconseja el uso obligatorio de herramientas gratuitas que requieran el registro de los estudiantes en servicios de terceros.

- Es crucial reconocer los riesgos de emplear herramientas de IA de propósito general que no han sido diseñadas específicamente para el ámbito educativo.

- Las herramientas de IA deben ser flexibles y adaptarse a distintos enfoques pedagógicos.

- Su calidad debe ser sometida a evaluaciones rigurosas y continuas.

- Deben diseñarse con claridad y transparencia, garantizando un uso comprensible y confiable.

- Toda implementación de IA en educación debe estar alineada con estándares éticos sólidos.

El potencial de la IA en la educación es innegable, pero su incorporación debe regirse por principios que protejan la privacidad, el bienestar y el aprendizaje de los estudiantes, sin comprometer la integridad del proceso educativo ni los valores que lo sustentan.

La IA, como la llegada de la imprenta o de internet, representa una transformación de alcance global que inevitablemente afectará todos los aspectos de la educación. La IA lo inundará todo. En lugar de temer una inundación tecnológica, proponemos aprender a navegar estas aguas, aprovechando su potencial mientras se mitigan los riesgos. Los dragones no son solo amenazas, sino también oportunidades para construir un futuro educativo más equitativo, inclusivo y creativo.

REFERENCIAS BIBLIOGRÁFICAS

Alier-Forment, M.; García-Peñalvo, F.; Casañ-Guerrero, M. J.; y Llorens-Largo, F. (2024). *Safe AI in Education Manifesto* (Version 0.4.0). https://manifesto.safeaieducation.org

Alier, M.; García-Peñalvo, F. J.; y Camba, J. D. (2024). "Generative Artificial Intelligence in Education: From Deceptive to Disruptive". *International Journal of Interactive Multimedia and Artificial Intelligence*. Special issue on Generative Artificial Intelligence in Education, vol 8, n. 5. https://doi.org/10.9781/ijimai.2024.02.011

Bostrom, N. (2016). *Superinteligencia. Caminos, peligros, estrategias*. TEELL Editorial.

Caparrós, M. (2024). "La palabra saber". *El País*. 21 de septiembre de 2024. https://elpais.com/eps/2024-09-21/la-palabra-saber.html

Cortina, A. (2024). *¿Ética o ideología de la inteligencia artificial? El eclipse de la razón comunicativa en una sociedad tecnologizada*. PAIDÓS Estado y Sociedad

García-Peñalvo, F. J. (2023). "La percepción de la Inteligencia Artificial en contextos educativos tras el lanzamiento de ChatGPT: disrupción o pánico". *Education in the Knowledge Society* (EKS), vol. 24. https://doi.org/10.14201/eks.31279

García Peñalvo, F. J., Llorens Largo, F., y Vidal, J. (2024). "La nueva realidad de la educación ante los avances de la inteligencia artificial generativa". *RIED-Revista Iberoamericana de Educación a Distancia, 27* (1), 9–39. https://doi.org/10.5944/ried.27.1.37716.

GOV.UK (2024). *Generative AI in education: user research and technical report.* Department for Education, GOV.UK. https://www.gov.uk/government/publications/generative-ai-in-education-user-research-and-technical-report

Llorens, F. (2019). *Las tecnologías en la educación: características deseables, efectos perversos.* Universidad, Sí. 13/02/2019. https://www.universidadsi.es/las-tecnologias-en-la-educacion-caracteristicas-deseables-efectos-perversos

Llorens, F. (2021). *Tras las «fake news», ¿llegarán los «fake knows»? Ojo con la desintermediación en la educación.* Universidad, Sí. 15/04/2021. https://www.universidadsi.es/tras-las-fake-news-llegaran-los-fake-knows-la-desinformacion-digital

Llorens, F. (2022). *Cavilaciones invernales sobre la escritura de trabajos académicos usando inteligencia artificial.* Universidad, Sí. 22/12/2022. https://www.universidadsi.es/cavilaciones-invernales

Llorens, F. (2023a). *Preguntar para aprender.* Universidad, Sí. 20/07/2023. https://www.universidadsi.es/preguntar-para-aprender

Llorens, F. (2023b). "Educando centauros digitales". *Hipótesis*, nº 15. Universidad de La Laguna. https://www.ull.es/portal/cienciaull/tabletplanet/?w=4806&s=portada

Llorens, F. (2024a). *¿Deberíamos revisar el alcance del término inteligencia?* (I). Universidad, Sí. 06/06/2024. https://www.universidadsi.es/el-alcance-de-la-inteligencia-humana

Llorens, F. (2024b). *¿Deberíamos revisar el alcance del término inteligencia?* (II). Universidad, Sí. 07/06/2024. https://www.universidadsi.es/el-alcance-del-termino-inteligencia-artifical

Llorens Largo, F. (2024a). "IA o AI, esta es la cuestión". *Podium: revista iberoamericana de educación e innovación para la productividad*, nº 12. https://oei.int/publicaciones/podium-revista-iberoamericana-de-educacion-e-innovacion-para-la-productividad-n-12-junio-de-2024

Llorens Largo, F. (2024b). "IA generativa en educación: Tampoco era para tanto ... ¿o sí?". *Didacticae. Revista de Investigación en Didácticas Específicas*, nº 16. https://doi.org/10.1344/did.47814

Llorens, F.; y Molina, R. (2024). "¿A qué se hace referencia cuando hablamos de digitalización, inteligencia artificial y algoritmos?". En *Trabajo y digitalización: avances y retos para el diálogo social y la negociación colectiva*. Carolina Blasco Jover (directora). Editorial Tecnos.

López Galisteo, A. J.; Rodríguez Calzada, L.; y Montes Diez, R. (2023). *Guía de uso de ChatGPT para potenciar el aprendizaje activo e interactivo en el aula* universitaria. Universidad Rey Juan Carlos. https://burjcdigital.urjc.es/handle/10115/22149

Molina-Carmona, R., y García-Peñalvo, F. J. (2024). "Safeguarding Knowledge: Ethical Artificial Intelligence Governance in the University Digital Transformation". In: Vendrell Vidal, E., Cukierman, U.R., Auer, M.E. (eds) *Advanced Technologies and the University of the Future*. Lecture Notes in Networks and Systems, vol 1140. Springer, Cham. https://link.springer.com/book/10.1007/978-3-031-71530-3

Oficina de Ciencia y Tecnología del Congreso de los Diputados (Oficina C) (2024). *Informe C. Inteligencia artificial y educación. Retos y oportunidades en España*. Oficina de Ciencia y Tecnología del Congreso de los Diputados (Oficina C). www.doi.org/10.57952/hqct-6d69

Russell, S.; y Norvig, P. (2021). *Artificial Intelligence: A Modern Approach* (fourth edition). Pearson. http://aima.cs.berkeley.edu

Selwyn, N. (2024). "On the Limits of Artificial Intelligence (AI) in Education". *Nordisk tidsskrift for pedagogikk og kritikk*, 10 (1). https://doi.org/10.23865/ntpk.v10.6062

Sigman, M. y Bilinkis, S. (2023). *Artificial. La nueva inteligencia y el contorno de lo humano*. Editorial Debate.

UC3M (2023). *Recomendaciones para la docencia con inteligencias artificiales generativas*. Universidad Carlos III de Madrid. https://e-archivo.uc3m.es/entities/publication/e560161f-44a3-43f5-9a4e-5175a052c2ec

UE (2023). *Observatorio de Inteligencia Artificial en Educación Superior*. Universidad Europea. https://universidadeuropea.com/conocenos/observatorio-inteligencia-artificial-educacion-superior

UE (2024). *Reglamento UE 2024/1689 del Parlamento Europeo y del Consejo de 13 de junio de 2024 por el que se establecen normas armonizadas en materia de inteligencia artificial* (Reglamento de Inteligencia Artificial). https://eur-lex.europa.eu/eli/reg/2024/1689/oj?locale=es

UNED (2023). *Uso educativo de la Inteligencia Artificial Generativa.* UNED. https://www.uned.es/universidad/inicio/institucional/areas-direccion/vice-rrectorados/innovacion/iaeducativa.html

UNESCO (2023a). *ChatGPT e inteligencia artificial en la educación superior: guía de inicio rápido.* UNESCO Instituto International para la Educación Superior en América Latina y el Caribe. https://unesdoc.unesco.org/ark:/48223/pf0000385146_spa

UNESCO (2023b). *Oportunidades y desafíos de la era de la inteligencia artificial para la educación superior: una introducción para los actores de la educación superior.* UNESCO Instituto International para la Educación Superior en América Latina y el Caribe. https://unesdoc.unesco.org/ark:/48223/pf0000386670_spa

UOC (2023). *De la formación digital a la formación con IA. Cómo evolucionarán las asignaturas en la universidad.* Universitat Oberta de Catalunya. https://openaccess.uoc.edu/handle/10609/149101

U.S. Department of Education, Office of Educational Technology (2023). *Artificial Intelligence and the Future of Teaching and Learning: Insights and Recommendations.* https://tech.ed.gov/files/2023/05/ai-future-of-teaching-and-learning-report.pdf

Capítulo 2
La inteligencia artificial y la ética en los centros educativos

Alicia Gomar Giner

Carlos Novella-García

1. INTRODUCCIÓN

La inteligencia artificial (IA) se ha convertido en uno de los desarrollos tecnológicos más influyentes de nuestra época, con aplicaciones que trascienden sectores y prometen una transformación significativa en la forma en que vivimos, trabajamos y aprendemos. En el ámbito educativo, la IA representa una herramienta poderosa que puede ofrecer soluciones innovadoras a los desafíos tradicionales, como la personalización del aprendizaje, la inclusión de estudiantes con diferentes necesidades y la mejora de la gestión administrativa. Sin embargo, también plantea interrogantes fundamentales sobre su impacto en la pedagogía, la equidad y la ética en su implementación (UNESCO, 2019; Comisión Europea, 2019; INTEF, 2024, Flores-Vivar y García-Peñalvo, 2023).

En la actualidad, la IA se utiliza para personalizar la experiencia de aprendizaje, adaptando el contenido educativo a las necesidades individuales de los estudiantes. Por ejemplo, los sistemas de aprendizaje adaptativo pueden identificar las fortalezas y debilidades de un estudiante y ajustar las tareas en consecuencia, optimizando los procesos de enseñanza y aprendizaje (INTEF, 2024; UNESCO, 2019). Además, los tutores virtuales y los asistentes inteligentes están revolucionando la manera en que los estudiantes acceden al apoyo educativo, brindando respuestas inmediatas y recursos personalizados. Estas herramientas no solo mejoran la eficiencia, sino que también promueven una mayor autonomía en el aprendizaje, tal como destaca la *Guía sobre el uso de la IA en el ámbito educativo* (INTEF, 2024).

Por otro lado, la IA también se ha integrado en la gestión administrativa de las instituciones educativas, optimizando procesos como la inscripción, la evaluación y el análisis de datos. Esta aplicación no solo alivia la carga administrativa de los docentes, permitiéndoles enfocarse en la enseñanza, sino que también mejora la toma de decisiones basada en datos. Por ejemplo, los sistemas de IA pueden identificar patrones de rendimiento académico y sugerir intervenciones tempranas para estudiantes en riesgo de abandono escolar.

A pesar de sus beneficios, la implementación de la IA en la educación no está exenta de desafíos. Uno de los principales problemas es la privacidad de los datos. Dado que la IA depende en gran medida de la recopilación y el análisis de datos, surgen preocupaciones sobre cómo se almacenan, utilizan y protegen estos datos. El sesgo algorítmico puede perpetuar desigualdades existentes, especialmente si los sistemas se entrenan con datos que no son representativos de toda la población estudiantil. Por ejemplo, los algoritmos podrían favorecer a ciertos grupos demográficos en detrimento de otros, socavando la equidad en el acceso a oportunidades educativas.

Otro aspecto crítico es el impacto de la IA en el rol de los docentes. Si bien estas tecnologías pueden automatizar tareas repetitivas, también plantean preguntas sobre la deshumanización de la educación. La interacción entre estudiantes y docentes es fundamental para el desarrollo no solo académico, sino también emocional y social de los alumnos. Por lo tanto, es crucial encontrar un equilibrio donde la IA complemente, pero no reemplace, el papel del docente. De esta forma, al parecer, como argumenta Gracia (2018), en la educación formal se va imponiendo la racionalidad técnica, que hace a los estudiantes "técnicamente competentes" en la destreza de determinadas habilidades, obviando que este tipo de racionalidad puede convertirse en un serio peligro, incluso para el propio individuo, si no se fundamenta a su vez en los principios humanistas y los valores, en su uso ético.

Aquí entra en escena una de las cuestiones a las cuales el mismo autor plantea y que desde el ámbito educativo cabría hacerse «¿basta con ser técnicamente competentes o es necesario un saber también que nos oriente acerca de cómo encaminar dichos conocimientos instrumentales en base a los valores que pensamos que son irrenunciables» (Gracia, 2018, p. 77). Cortina (2019) afirma que en el año 2017 se hicieron explícitos los Principios Asilomar de la IA destacando que en el contexto de la Unión Europea surgieron propuestas como *Ethical Framework for a Good AI Society: Opportunities, Risks, Principles and Recommendations*, del *AI4People* en diciembre de 2018, las *Ethics Guidelines for Trustworthy AI del High-Level Expert Group on Artificial Intelligence* de la Comisión Europea de 2019, o la *Declaración de Derechos Humanos para un Entorno Digital*, elaborada por la Universidad de Deusto en 2018. En este capítulo pretendemos explorar los riesgos potenciales y las implicaciones éticas asociadas con el uso de la IA en la educación y proponer recomendaciones para el diseño de políticas y marcos regulatorios que promuevan la inclusión y la equidad en el acceso a herramientas de IA.

2. LA INTELIGENCIA ARTIFICIAL EN LA UNIÓN EUROPEA

La Unión Europea, a través de sus "Directrices éticas para una IA fiable" (Comisión Europea, 2019), destaca tres principios fundamentales que deben guiar el desarrollo y la implementación de la IA en la educación: licitud, ética y robustez. La licitud garantiza que la IA cumpla con todas las leyes aplicables y respete los derechos fundamentales. La ética asegura que la IA se utilice para beneficiar a los estudiantes y no para perjudicarlos; mientras que la robustez implica que los sistemas sean seguros, confiables y capaces de manejar errores o fallos sin consecuencias graves.

Desde una perspectiva global, la UNESCO ha promovido marcos como el "Beijing Consensus" (2019), que enfatizan la importancia de integrar la IA en la educación de manera inclusiva y equitativa. Este documento subraya la necesidad de garantizar que las tecnologías de IA estén disponibles para todos los estudiantes, independientemente de su contexto socioeconómico, y que se utilicen para cerrar, en lugar de ampliar, las brechas existentes en el acceso a la educación.

En este contexto, también se destaca el papel crucial de los docentes. El "AI Competency Framework for Teachers" (UNESCO, 2024) identifica las competencias clave que los educadores deben desarrollar para integrar eficazmente la IA en sus prácticas pedagógicas. Estas incluyen no solo habilidades técnicas, como la comprensión de cómo funcionan los algoritmos, sino también una perspectiva ética que les permita tomar decisiones informadas sobre el uso de estas tecnologías en el aula.

Es fundamental considerar cómo la IA puede influir en el perfil de los estudiantes. En un mundo cada vez más digitalizado, los alumnos necesitan desarrollar competencias esenciales, como la alfabetización en datos, el pensamiento crítico y la adaptabilidad al cambio tecnológico. Estas habilidades no solo los prepararán para interactuar con herramientas de IA, sino también para abordar los desafíos éticos y sociales que surgen con el avance de estas tecnologías (Bustamante Bula & Camacho Bonilla, 2024; INTEF, 2024). Según Bustamante y Camacho (2024), la IA debe verse como un apoyo complementario a las capacidades humanas, ayudando a los estudiantes a mejorar sus procesos cognitivos y habilidades críticas mientras se respetan principios éticos sólidos.

Por último, este artículo también examina casos prácticos de cómo la IA se ha implementado en diferentes contextos educativos. Desde el uso de plataformas adaptativas en países como Finlandia, que han demostrado ser efectivas para mejorar el rendimiento académico en matemáticas (Parra-Taboada et al., 2024; INTEF, 2024), hasta el despliegue de asistentes virtuales en España, que han aliviado la carga administrativa de los docentes, optimizando su tiempo para enfocarse en la enseñanza (Comisión Europea, 2019; IMDEA Networks, 2024). El estudio realizado por Laoutaris y Banchs (2024) en el proyecto GenAI4ED demuestra cómo la IA puede personalizar el aprendizaje sin reemplazar el rol del docente, garantizando que la tecnología respalde la labor educativa.

La IA tiene el potencial de transformar profundamente el sistema educativo, pero su implementación efectiva requiere un enfoque equilibrado que considere no solo sus beneficios, sino también sus riesgos e implicaciones éticas. Santos Costa (2023) destaca que la implementación exitosa de la IA debe ir acompañada de políticas claras que prioricen la equidad y la accesibilidad tecnológica, evitando así la exclusión de estudiantes en contextos menos favorecidos. De acuerdo con las *Directrices Éticas para una IA Fiable* (Comisión Europea, 2019), es necesario garantizar que las tecnologías sean seguras, transparentes y equitativas, un punto también reforzado por Firuz Kamalov, Santandreu Calong y Gurrib (2023), quienes proponen sistemas de tutoría inteligente y aprendizaje automatizado siempre bajo salvaguardas éticas.

A medida que avanzamos hacia un futuro donde la tecnología juega un papel cada vez más central en nuestras vidas, es esencial que su adopción en la educación esté guiada por principios de inclusión, equidad y sostenibilidad, asegurando que sus beneficios sean accesibles para todos los estudiantes (UNESCO, 2019; Kamalov et al., 2023).

3. LA ÉTICA Y LA IA EN EDUCACIÓN

El actual contexto educativo y su relación con las TIC, ha sido objeto de una creciente atención en los medios académicos y científicos, dando lugar a un cuerpo considerable de trabajos e investigaciones que han tratado de dar cuenta sobre la labor docente y la competencia digital (European Comission, 2019; UNESCO, 2019; Hernandez, 2017; INTEF, 2017; Tejada & Pozos, 2016; León & Tapia, 2013; Buxarrais & Ovide, 2011, Area, 2010). Otros centran su atención principalmente en la reforma de la formación inicial del profesorado respecto a la competencia digital con el objetivo de ajustarla a las nuevas necesidades y perfiles del alumnado (Castañeda et al., 2018; Moreno et al., 2018; UNESCO, 2017; Cózar-Gutiérrez et al., 2016; Cabero et al., 2020; Gutiérrez et al., 2010).

Del mismo modo, el estudio de la dimensión ética relacionada con el uso de las TIC, la educación y la formación de los maestros, ocupa cada vez más un lugar preferente en este corpus teórico que pretende atender las dificultades respecto a un uso seguro, ético, crítico, responsable y reflexivo de las TIC (Flores-Lueg & Roig-Vila, 2017; Murcia et al., 2016; Olcott et al., 2015; Shin, 2015; Rodríguez-Porrero & Gil, 2014; Fernández, 2008).

Los marcos éticos son fundamentales para guiar la implementación de la IA en la educación. Una revisión de los documentos clave resalta los siguientes aspectos:

- **Beijing Consensus (UNESCO, 2019):** Destaca la necesidad de garantizar la equidad y la inclusión en el acceso a tecnologías de IA, promoviendo su uso como un medio para reducir desigualdades educativas.

- **Directrices Éticas para una IA Fiable (Comisión Europea, 2019):** Subraya los principios de licitud, ética y robustez técnica como pilares para el diseño y uso de sistemas de IA.

- **Guía sobre el Uso de la IA en el Ámbito Educativo (INTEF, 2024):** Proporciona recomendaciones prácticas para que los docentes implementen la IA de manera responsable, con énfasis en la formación continua y la protección de datos estudiantiles.

- **Directrices Éticas sobre el Uso de la Inteligencia Artificial en la Educación (2022):** Enfatiza la importancia de la transparencia y la rendición de cuentas en el uso de la IA, asegurando que estas tecnologías respeten los derechos fundamentales de los estudiantes.

Estos documentos convergen en la necesidad de establecer un marco ético sólido que combine principios universales con adaptaciones contextuales, permitiendo que la IA contribuya a sistemas educativos más justos y efectivos. La Unión Europea, a través de sus "Directrices éticas para una IA fiable" (2019), establece principios clave para abordar estos desafíos:

1. **Licitud:** Cumplimiento con las leyes vigentes.

2. **Ética:** Garantizar el bienestar de los usuarios.

3. **Robustez:** Asegurar la confiabilidad técnica de los sistemas.

A nivel global, el "Beijing Consensus" (UNESCO, 2019) donde se estableció un marco clave para guiar el uso de la inteligencia artificial (IA) en el ámbito educativo; y donde se establecieron los principios y recomendaciones fundamentales para garantizar una integración inclusiva, equitativa y ética de la IA en los sistemas educativos.

Destaca la necesidad de marcos regulatorios que promuevan la inclusión y la equidad, asegurando que la IA beneficie a todos los estudiantes, independientemente de su contexto socioeconómico.

Marcos Éticos y Regulatorios

Los documentos analizados, como el Beijing Consensus (UNESCO, 2019) y las Directrices Éticas para una IA Fiable (Comisión Europea, 2019), destacan la importancia de establecer marcos éticos sólidos que regulen el uso de la inteligencia artificial (IA) en la educación. Estos marcos coinciden en principios clave como licitud, equidad, ética y robustez técnica, pero también enfrentan desafíos significativos al ser interpretados y adaptados a contextos locales. A continuación, se presenta una ampliación con ejemplos específicos de cada documento:

Beijing Consensus (UNESCO, 2019):

- **Equidad e Inclusión:** Este documento enfatiza la necesidad de garantizar el acceso equitativo a tecnologías de IA para todos los estudiantes, independientemente de su contexto socioeconómico. Sin embargo, resalta que en países en desarrollo, la implementación de estas tecnologías está limitada por la falta de infraestructura tecnológica básica. Por ejemplo, en regiones rurales de África y Asia, la conectividad a internet y el acceso a dispositivos son extremadamente limitados, lo que dificulta traducir los principios de inclusión en acciones concretas.

- **Adaptación Cultural:** El consenso subraya la importancia de adaptar los marcos éticos a las realidades locales, pero admite que los valores culturales y las prioridades educativas pueden variar significativamente entre países. Esto puede generar tensiones al intentar aplicar principios globales en contextos donde las necesidades educativas básicas aún no están completamente resueltas.

Directrices Éticas para una IA Fiable (Comisión Europea, 2019):

- **Licitud y Protección de Datos:** Este documento enfatiza la importancia del cumplimiento del Reglamento General de Protección de Datos (RGPD) en Europa, un estándar que busca garantizar la privacidad y seguridad de los datos de los usuarios. Sin embargo, países fuera de la Unión Europea enfrentan dificultades para implementar estándares similares debido a la falta de recursos legales, técnicos y financieros. Por ejemplo, en América Latina, muchas instituciones educativas no tienen sistemas robustos para gestionar grandes volúmenes de datos con seguridad.

- **Transparencia y Rendición de Cuentas:** Las directrices recomiendan que los sistemas de IA sean transparentes y auditables. Sin embargo, se señala que los algoritmos complejos a menudo son difíciles de explicar incluso para los desarrolladores, lo que limita la comprensión y confianza de los docentes y administradores educativos en el uso de estas herramientas.

Guía sobre el Uso de la IA en el Ámbito Educativo (INTEF, 2024):

- **Formación Docente:** En España, la implementación de los marcos éticos se ha traducido en un enfoque práctico centrado en la capacitación de los docentes. La guía enfatiza que los educadores necesitan formación continua para comprender cómo evaluar y utilizar herramientas de IA de manera ética. Por ejemplo, se han desarrollado programas piloto que enseñan a los docentes a identificar sesgos algorítmicos y a garantizar la privacidad de los datos estudiantiles.

- **Herramientas Accesibles y Seguras:** Este documento también destaca la creación de herramientas diseñadas para ser utilizadas en contextos educativos con diferentes niveles de recursos. Sin embargo, señala que estas iniciativas aún no son uniformes, y muchas instituciones educativas rurales no tienen acceso a las mismas oportunidades que las urbanas.

Directrices Éticas sobre el Uso de la Inteligencia Artificial en la Educación (2022):

- **Transparencia:** Este documento aborda el desafío de garantizar la comprensión de los sistemas de IA por parte de los usuarios finales. Por ejemplo, señala que muchas herramientas utilizadas en educación carecen de explicaciones claras sobre cómo toman decisiones, lo que genera desconfianza entre los docentes y las familias.

- **Colaboración Multisectorial:** Propone que la implementación de marcos éticos debe involucrar a gobiernos, desarrolladores tecnológicos y comunidades educativas. Sin embargo, señala que la falta de coordinación entre estos actores puede ralentizar la adopción efectiva de los principios éticos.

AI Competency Framework for Teachers (UNESCO, 2024):

- **Competencias Éticas:** Este marco destaca que una de las principales barreras para la adopción de marcos éticos globales es la falta de competencias específicas entre los docentes. Por ejemplo, se menciona que muchos educadores no tienen las habilidades necesarias para evaluar si una herramienta de IA cumple con principios éticos básicos, como la equidad y la transparencia.

- **Implementación Local:** Aunque el marco sugiere estándares globales para la formación docente, admite que la implementación depende de los recursos disponibles en cada país. Países con sistemas educativos menos desarrollados enfrentan dificultades para integrar estas competencias en sus programas de formación docente.

Riesgos Éticos y Sociales

Privacidad de los Datos

- **Directrices Éticas para una IA Fiable (Comisión Europea, 2019):**

    Reconoce la recopilación masiva de datos como un aspecto esencial para el funcionamiento de la IA, pero subraya la dificultad de garantizar la protección adecuada de los datos estudiantiles. Propone el cumplimiento estricto del Reglamento General de Protección de Datos (RGPD) como una solución, pero destaca que muchas instituciones educativas carecen de la capacidad técnica y financiera para implementarlo correctamente.

- **Directrices Éticas sobre el Uso de la Inteligencia Artificial en la Educación (2022):**

    Señala que, aunque existen marcos regulatorios que abordan la privacidad, la falta de herramientas claras para monitorear y auditar el uso de datos en tiempo real limita la capacidad de garantizar su seguridad.

Sesgo Algorítmico

- **Beijing Consensus (UNESCO, 2019):**

    Indica que los sistemas de IA, si no están diseñados adecuadamente, pueden reproducir y amplificar desigualdades existentes en los sistemas educativos. Por ejemplo, los algoritmos entrenados con datos culturalmente sesgados pueden perpetuar estereotipos. Sin embargo, advierte que la mitigación del sesgo algorítmico requiere una supervisión constante, lo cual es difícil de implementar en muchos contextos educativos.

- **Guía sobre el Uso de la IA en el Ámbito Educativo (INTEF, 2024):**

  Resalta que los docentes a menudo carecen de la formación necesaria para identificar sesgos en las herramientas de IA que utilizan. Este desconocimiento limita su capacidad para tomar decisiones informadas sobre qué aplicaciones de IA son adecuadas para sus aulas.

Transparencia y Comprensibilidad

- **Directrices Éticas para una IA Fiable (Comisión Europea, 2019):**

  Plantea que la falta de transparencia en los sistemas de IA es una barrera significativa para su aceptación y confianza. Aunque se recomienda que los desarrolladores proporcionen explicaciones claras de cómo funcionan sus algoritmos, este objetivo es difícil de alcanzar debido a la complejidad técnica inherente a muchas herramientas basadas en IA.

- **Directrices Éticas sobre el Uso de la Inteligencia Artificial en la Educación (2022):**

  Sugiere que la falta de modelos de IA explicables limita la capacidad de los usuarios finales (docentes y administradores) para comprender cómo y por qué los sistemas toman ciertas decisiones, lo que puede generar desconfianza.

4. COMPETENCIAS DOCENTES Y ESTUDIANTILES EN EL CONTEXTO DE LA IA

La UNESCO (2024) identifica competencias esenciales para docentes, como la comprensión de algoritmos, el uso pedagógico de herramientas de IA y la gestión ética de datos. La "Guía sobre el uso de la IA en el ámbito educativo" (INTEF, 2024) resalta la importancia de formar a los docentes en la evaluación crítica de herramientas de IA, promoviendo su capacidad para identificar sesgos y asegurar la privacidad de los datos estudiantiles. Para los estudiantes, se subrayan habilidades como la alfabetización en datos, la resiliencia tecnológica y el pensamiento crítico, indispensables para interactuar con estas tecnologías de manera responsable y efectiva.

4.1. Perfil del alumno en el contexto de la IA

La implementación de la inteligencia artificial (IA) en la educación requiere una redefinición de los perfiles de los estudiantes y los docentes, adaptándolos a un contexto educativo cada vez más digitalizado e impulsado por la tecnología. En un entorno donde la IA desempeña un papel fundamental, los estudiantes necesitan desarrollar competencias clave, como la alfabetización en datos, el pensamiento crítico y la adaptabilidad tecnológica. Según Bustamante y Camacho Bonilla (2024), la alfabetización en IA se convierte en una herramienta indispensable para que los alumnos puedan interactuar activamente con algoritmos y tecnologías educativas, adoptando un papel no solo como usuarios, sino también como participantes críticos en su desarrollo. Esto significa que los estudiantes deben comprender cómo funciona la IA y sus implicaciones éticas y sociales.

Parra-Taboada et al. (2024) subrayan que el desarrollo del pensamiento crítico es fundamental para que los estudiantes puedan analizar y evaluar la información proporcionada por sistemas de IA, evitando una dependencia acrítica de estas herramientas. En un contexto de aprendizaje automatizado, los alumnos también deben desarrollar habilidades de resiliencia y autonomía, como destaca Santos Costa (2023), quien señala que la IA debe integrarse como un recurso que promueva la responsabilidad del estudiante en su propio proceso educativo.

El informe de IMDEA Networks (Laoutaris y Banchs, 2024) añade que, en programas de implementación como GenAI4ED, los estudiantes que participan en entornos mediados por IA muestran mejoras no solo en competencias técnicas, sino también en la capacidad de responder a los desafíos éticos y tecnológicos emergentes. Estas competencias preparan a los alumnos para enfrentar escenarios educativos y profesionales donde la IA es una constante.

4.2. Perfil del docente

El rol del docente ha evolucionado hacia una figura de facilitador del aprendizaje. Más que simplemente transmitir conocimientos, los docentes deben integrar herramientas de IA en su práctica diaria, permitiendo una enseñanza personalizada y basada en datos. Bustamante y Camacho Bonilla (2024) enfatizan que esta transformación requiere que los educadores desarrollen competencias técnicas y éticas, comprendiendo tanto el funcionamiento de los algoritmos como su impacto en el proceso de enseñanza.

En esta línea, el *AI Competency Framework for Teachers* de la UNESCO (2024) identifica tres dimensiones clave para el desarrollo docente. La primera es la necesidad de que los docentes comprendan cómo funcionan las herramientas basadas en IA y puedan aplicarlas de manera pedagógica en sus aulas. Además, los educadores deben estar capacitados para usar la IA como un medio para personalizar la enseñanza, adaptando las actividades y el contenido al ritmo y estilo de aprendizaje de cada estudiante. Finalmente, el marco de la UNESCO resalta la importancia de que los docentes gestionen la IA con responsabilidad ética, garantizando la privacidad de los datos de los estudiantes y evitando sesgos algorítmicos que puedan afectar la equidad educativa.

Kamalov et al. (2023) agregan que la formación docente debe ser continua y multidisciplinaria, abarcando no solo la alfabetización digital, sino también el desarrollo de habilidades analíticas y éticas. Los docentes deben estar preparados para evaluar las limitaciones de la IA y decidir cómo utilizarla de manera que complemente, pero no reemplace, su rol como agentes de aprendizaje. En estudios recientes, Parra-Taboada et al. (2024) demuestran cómo los docentes que adoptan plataformas basadas en IA no solo optimizan el tiempo dedicado a tareas administrativas, sino que también logran enriquecer el proceso de enseñanza a través de análisis personalizados del progreso de los estudiantes.

5. CONCLUSIONES

La implementación de la inteligencia artificial (IA) en la educación representa una oportunidad única para transformar los sistemas educativos a nivel global. Los hallazgos expuestos a lo largo de este análisis han demostrado que la IA tiene el potencial de personalizar el aprendizaje, optimizar la gestión educativa y ampliar el acceso a recursos pedagógicos, pero también han puesto de manifiesto los desafíos éticos, técnicos y sociales que deben ser abordados con un enfoque integral y responsable. La clave radica en equilibrar los beneficios tecnológicos con principios de inclusión, equidad y sostenibilidad.

Desde una perspectiva pedagógica, la IA ha facilitado la creación de entornos de aprendizaje personalizados donde los contenidos se adaptan a las necesidades individuales de los estudiantes. Ejemplos exitosos, como las plataformas adaptativas implementadas en Finlandia y los asistentes virtuales en España (Parra-Taboada et al., 2024; INTEF, 2024), demuestran cómo estas herramientas pueden mejorar el rendimiento académico y liberar tiempo para que los docentes se enfoquen en actividades pedagógicas más significativas. Sin embargo, es importante resaltar que estas aplicaciones no deben reemplazar la interacción humana, sino complementarla. La presencia del docente sigue siendo esencial, no solo para el desarrollo académico, sino también para el crecimiento emocional y social de los estudiantes (UNESCO, 2019).

La redefinición del perfil del alumno y del docente en este contexto es otro de los desafíos más significativos. Los estudiantes deben adquirir competencias fundamentales, como la alfabetización en datos, el pensamiento crítico y la resiliencia tecnológica, que les permitan interactuar activamente con las herramientas de IA. A su vez, los docentes deben convertirse en facilitadores del aprendizaje, con habilidades para integrar la tecnología de manera ética y efectiva en el aula. El *AI Competency Framework for Teachers* (UNESCO, 2024) subraya la necesidad de una formación continua y multidisciplinaria para los educadores, asegurando que puedan evaluar las tecnologías de IA y utilizarlas con un propósito pedagógico claro.

Desde el punto de vista **ético**, la implementación de la IA en la educación debe regirse por marcos claros que protejan los derechos fundamentales de los estudiantes. Documentos como las *Directrices Éticas para una IA Fiable* de la Comisión Europea (2019) y el *Beijing Consensus* de la UNESCO (2019) han establecido principios clave como la licitud, la ética y la robustez técnica. Sin embargo, los riesgos asociados con la privacidad de los datos y el sesgo algorítmico siguen siendo desafíos importantes. La recopilación masiva de información estudiantil plantea preocupaciones sobre cómo se almacenan, protegen y utilizan estos datos. Asimismo, los algoritmos sesgados pueden perpetuar desigualdades existentes si no se supervisan y ajustan de manera constante. Tal como advierte la UNESCO (2019), garantizar la transparencia y la auditabilidad de los sistemas de IA es fundamental para generar confianza entre los docentes, estudiantes y familias.

En términos sociales, la IA tiene el potencial de cerrar las brechas educativas, especialmente en regiones donde el acceso a recursos es limitado. Ejemplos como el despliegue de plataformas de aprendizaje en áreas rurales de India han demostrado que estas tecnologías pueden democratizar el acceso a la educación (Laoutaris & Banchs, 2024). Sin embargo, el éxito de estas iniciativas depende en gran medida de la infraestructura tecnológica disponible y de la capacitación adecuada de los docentes y estudiantes. En contextos donde la conectividad a internet y los dispositivos digitales son limitados, la implementación de la IA corre el riesgo de exacerbar las desigualdades existentes, en lugar de mitigarlas. Por ello, es imperativo que las políticas educativas promuevan la equidad y garanticen que las tecnologías de IA sean accesibles para todos los estudiantes.

Los marcos éticos y regulatorios analizados a lo largo de este estudio evidencian la necesidad de establecer directrices globales que puedan ser adaptadas a las realidades locales. La Unión Europea ha liderado esta iniciativa con sus directrices éticas, que abogan por la licitud, la ética y la transparencia en el desarrollo de la IA (Comisión Europea, 2019). Sin embargo, como destaca el *Beijing Consensus* (UNESCO, 2019), la implementación de estos marcos enfrenta desafíos en contextos donde los recursos son limitados y las prioridades educativas aún no están alineadas con los avances tecnológicos. La colaboración internacional y el intercambio de buenas prácticas son esenciales para superar estas barreras y garantizar una adopción equitativa y responsable de la IA.

El análisis de los casos prácticos exitosos también ha permitido identificar las oportunidades y limitaciones de la IA en la educación. Experiencias como el uso de plataformas de tutoría automatizada en Finlandia, los asistentes virtuales en España y las iniciativas de aprendizaje automático en India demuestran el potencial transformador de la IA cuando se implementa con un enfoque centrado en el estudiante y respaldado por políticas claras (INTEF, 2024; Parra-Taboada et al., 2024). No obstante, estos ejemplos también ponen de relieve las dificultades asociadas con la dependencia de tecnologías avanzadas y la necesidad de una capacitación adecuada para docentes y estudiantes.

En conclusión, la inteligencia artificial tiene el potencial de transformar el sistema educativo global, pero su implementación exitosa depende de un enfoque equilibrado e integral que combine principios éticos, políticas inclusivas y colaboración multisectorial. Es fundamental garantizar que la IA sea utilizada como una herramienta para promover la equidad y mejorar la calidad educativa, evitando al mismo tiempo sus riesgos inherentes. Los docentes y estudiantes deben estar preparados para interactuar con estas tecnologías de manera crítica y responsable, y los gobiernos deben asumir un papel proactivo en la regulación y supervisión de su uso.

La IA en la educación no debe considerarse como un fin en sí mismo, sino como un medio para construir sistemas educativos más inclusivos, justos y sostenibles. Con una implementación ética y contextualizada, esta tecnología puede contribuir significativamente a cerrar las brechas educativas, empoderar a las generaciones futuras y prepararlas para un mundo en constante transformación. El compromiso con la equidad, la formación continua y la colaboración internacional será clave para garantizar que la IA beneficie a todos los estudiantes, sin dejar a nadie atrás.

REFERENCIAS BIBLIOGRÁFICAS

Alonso-Rodríguez, A. M. (2024). *Hacia un marco ético de la inteligencia artificial en la educación*. Teoría de la Educación. *Revista Interuniversitaria, 36*(2), 79-98. https://doi.org/10.14201/teri.31821

Agenda 2030 de las Naciones Unidas. (2023, agosto 21). Pacto Mundial. https://www.pactomundial.org/noticia/agenda-2030-de-la-onu-hacia-donde-vamos/

Area, M. (2010). El proceso de integración y uso pedagógico de las TIC en los centros educativos. Un estudio de casos. *Revista de educación, 352,* 77-97.

Buxarrais, M. R., Ovide, E. (2011). El impacto de las nuevas tecnologías en la educación en valores del siglo XXI. *Revista Sinéctica,* 37. http://www.sinectica.iteso.mx/index. php?cur=37&art=37_11

Cabero, J. & Marín, V. (2012). ICT training of university teachers in a Personal Learning Environment. Project DIPRO 2.0. *Revista New Approaches in Educational Research,* 1 (1), 2-7. doi: 10.7821/naer.1.1.2-6

Cabero Almenara, J., Vázquez-Cano, E., López Meneses, E. y Jaén Martínez, A. (2020). Posibilidades formativas de la tecnología aumentada. Un estudio diacrónico en escenarios universitarios. *Revista Complutense de Educación,* 31 (2), 143-154.

Castañeda, L., Esteve, F. y Adell, J. (2018). ¿Por qué es necesario repensar la competencia docente para el mundo digital? Revista de Educación a Distancia, 56, 2-20. doi: http://dx.doi.org/10.6018/red/56/6

Bustamante Bula, R., y Camacho Bonilla, A. (2024). *Inteligencia artificial en las escuelas: una revisión sistemática (2019-2023).* Revista *Enunciación.*

Comisión Europea. (2019). Directrices éticas para una IA fiable. Bruselas: Comisión Europea. https://ec.europa.eu

Comisión Europea. (2020). Libro Blanco sobre la inteligencia artificial. Bruselas: Comisión Europea. https://ec.europa.eu

Cortina Orts, A. (2019). Ética de la inteligencia artificial. En Anales de la Real Academia de Ciencias Morales y Políticas (pp. 379-394). Ministerio de Justicia.

Cózar-Gutiérrez, R., Moya-Martínez, D., María, V., Hernández-Bravo, J. A., y Hernández-Bravo, J. R. (2016). Conocimiento y Uso de las Tecnologías de la Información y las Comunicaciones (TIC) según el Estilo de Aprendizaje de los Futuros Maestros. Formación universitaria, 9(6), 105-118.

Dirección General de Comunicación. (2024). *El Reglamento de Inteligencia Artificial entra en vigor:* Comisión Europea. https://commission.europa.eu/news/ai-act-enters-force-2024-08-01_es

Fernández, B. (2008). Implicaciones éticas en el uso de las tecnologías de la información y la comunicación en el currículo de formación docente. Revista de Investigación, (65), 171-195.

Flores-Lueg, C. y Roig-Vila, R. (2017). Factores personales de estudiantes de Pedagogía que inciden en su formación social, ética y legal del uso de TIC. Revista Hipótese, 3 (3), 3-25.

Gracia, J. (2018). *El desafío ético de la Educación.* Madrid: Dykinson.

Flores-Vivar, J. M., y García-Peñalvo, F. J. (2023). Reflexiones sobre la ética, potencialidades y retos de la Inteligencia Artificial en el marco de la Educación de Calidad (ODS4). *Comunicar: Revista científica de comunicación y educación,* (74), 37-47.

Hernández, R.M. (2017). Impacto de las TIC en la educación: Retos y Perspectivas. Propósitos y Representaciones, 5(1), 325 – 347. http://dx.doi.org/10.20511/pyr2017.v5n1.149

IMDEA Networks. (2024). *GenAI4ED: Proyecto sobre inteligencia artificial en educación secundaria.*

INTEF. (2024). *Guía sobre el uso de la IA en el ámbito educativo.* Instituto Nacional de Tecnologías Educativas y de Formación del Profesorado.

INTEF (2017). Marco Común de Competencia Digital Docente. https://aprende.intef.es/sites/default/files/2018-05/2017_1020_Marco-Común-de-Competencia-Digital-Docente.pdf

Kamalov, F., Santandreu Calong, D., & Gurrib, I. (2023). *New Era of Artificial Intelligence in Education: Towards a Sustainable Multifaceted Revolution.* arXiv.

Laoutaris, N., & Banchs, A. (2024). *GenAI4ED: Proyecto sobre inteligencia artificial en educación secundaria.* IMDEA Networks.

León, J. y Tapia, E. (2013). Educación con TIC para la sociedad del conocimiento. Revista Digital Universitaria [en línea], 14 (1), http://www.revista.unam.mx/vol.14/num2/art16/#up

Ministerio de Economía, Comercio y Empresa. (2023). *España, pionera en el impulso de la regulación de Inteligencia Artificial, pone en marcha el entorno controlado de pruebas del Reglamento Europeo de Inteligencia Artificial.* https://portal.mineco.gob.es/comunicacion/Paginas/entorno-controlado-de-pruebas-sandbox-del-Reglamento-Europeo-de-Inteligencia-Artificial.aspx

Moreno Rodríguez, M. D., Gabarda Méndez, V., y Rodríguez Martín, A. M. (2018). Alfabetización informacional y competencia digital en estudiantes de magisterio. Profesorado. *Revista de currículum y formación del profesorado, 22*(3), 253-270.

Murcia, E., Arias, J. L. y Osorio, S. M. (2016). Software educativo para el buen uso de las TIC. *Revista Entre Ciencias e Ingeniería, 19,* 114-125.

Olcott Jr. D., Carrera Farran, X., Gallardo Echenique, E. E. y González Martínez, J. (2015). Ética y Educación en la era digital: perspectivas globales y estrategias para la transformación local en Cataluña. RUSC. *Universities and Knowledge Society Journal, 12*(2), 59-72. doi http://dx.doi.org/10.7238/rusc.v12i2.2455

Parra-Taboada, M. E., Trujillo-Arteaga, J. C., Álvarez-Abad, D. R., Arias-Domínguez, A. S., & Santillán-Gordón, E. (2024). El impacto de la inteligencia artificial en la educación. *Revista Científica Retos de La Ciencia, 1*(4), 169-181.

Rodríguez-Porrero, C. y Gil, S. (2014). *Ética y TIC.* CEAPAT. Colección 12 retos, 12 meses.

Santos Costa, S. (2023). *Inteligencia Artificial en la Educación: Desafíos y Oportunidades en el Aprendizaje.* Kindle.

Shin, S. K. (2015). Teaching critical, ethical, and safe use of ICT to teachers. *Language Learning & Technology, 19*(1), 181-197.

Tejada Fernández, J. y Pozos Pérez, K. V. (2016). Nuevos escenarios y competencias digitales docentes: hacia la profesionalización docente con TIC. Revista de currículum y formación del profesorado, 22 (1), 25-51.

UNESCO (2017). Guideline for Competency-based Teacher Training Reform to Facilitate ICT-Pedagogy Integration. Recuperado de: https://ictcomp.guide

UNESCO. (2019). *Consenso de Beijing sobre la inteligencia artificial y la educación.* "Planificación de la educación en la era de la inteligencia artificial: dirigir los avances", Beijing, República Popular China.

UNESCO (2019). Marco de competencias de los docentes en materia de TIC. https://unesdoc.unesco.org/ark:/48223/pf0000371024

Capítulo 3
El bienestar digital, una necesidad urgente de los sistemas educativos

María Ferrando García

Juan Antonio Giménez-Beut

1. INTRODUCCIÓN

Los medios digitales ya son una realidad presente y han generado unos nuevos códigos de comunicación que han cambiado el mundo y el modo en que vemos nuestra propia vida. Esto nos abre a una gran cantidad de posibilidades y ventajas no exentas de peligros. Ante esta realidad, han surgido posiciones que rechazan que los niños y adolescentes empleen las herramientas digitales. Pero pensamos que la solución no está en prohibir ni en alejarse de lo que ya está integrado en la vida de los adultos, sino en integrarlo de manera adecuada y proporcionada.

Como el mundo digital se ha convertido en un nuevo ecosistema pedagógico de interacción, aprendizaje y desarrollo de la sociedad actual, es necesario que los docentes se formen poder convivir con estos medios y aprovechar sus virtualidades utilizándolas correctamente. El sistema educativo debería actualizarse implementando metodologías de aprendizaje en el aula enfocadas al futuro y al desarrollo de habilidades para la vida actual y futura. Y dado que las tecnologías han venido para quedarse, debemos integrarlas en el currículo, pero de un modo respetuoso con el proceso evolutivo del alumnado. Así pues, este ecosistema digital debe formar parte de la formación competencial del alumnado -en la línea de las normativas europeas- entendiendo que es una oportunidad educativa y no una amenaza.

En este contexto y desde estos planteamientos, se hace necesario analizar la realidad de las instituciones educativas. ¿Cómo se está actuando en la actualidad? ¿Se está formando en competencias digitales? ¿Qué diferencias se están dando entre el profesorado y el alumnado? ¿Qué aspectos éticos hemos de tener cuenta en su uso? Estas y otras muchas preguntas nos hacen reconocer la necesidad que tiene toda la comunidad educativa de formarse en la competencia digital en un sentido amplio y completo. El paraguas que rodea toda esta realidad se encuentra envuelto en lo que podemos llamar el "bienestar digital" que, en el fondo, está reclamando aprovechar los medios digitales mantenido lo más genuinamente humano.

2. LA RELACIÓN DE LOS ADOLESCENTES CON LAS TIC

La adolescencia es un momento evolutivo clave con diferentes cambios en el desarrollo intelectual y social y en el cual la conducta social juega un papel fundamental (Moreno y Jurado, 2022), y esto les hace estar más expuestos a todo lo que ocurre en la red. Existe una enorme facilidad de acceso a programas de televisión, películas, videojuegos y contenidos online no aptos para menores, a los que acuden sin ningún tipo de control o vigilancia por parte de sus familiares o cuidadores (Ruiz, 2023).

Según Zambrano (2023), estos nuevos espacios de socialización vienen a modificar de forma sustancial las formas de comunicación interpersonal por el gran impacto de las redes sociales. Y esto es un problema añadido para los equipos educativos ya que, al no haber crecido con ello, se produce una brecha digital que interfiere notable en la interacción y la relación entre alumnos y docentes, generando diferentes conflictos de convivencia si los docentes no se han adaptado a estas novedades (Noguera, 2023).

El sistema educativo -y el profesorado en su conjunto- debe estar insertado en estas realidades sociales y no puedo subsistir como una burbuja ajena a lo que le rodea. Para formar al alumnado como ciudadanos responsables y comprometidos, también deben desarrollar la competencia digital, lo que también exige al profesorado estar formado en ellas; máxime cuando existe un factor de riesgo importante para la infancia y la adolescencia.

La adolescencia ha sido reconocida como una de las etapas cruciales en la vida de una persona por la multiplicidad de cambios, aprendizajes y experiencias que se generan en esta, más allá de ser una mera transición a la vida adulta (Quiroga et al., 2021). En este período, se incrementa un importante enriquecimiento personal y progresivo en que la persona va adquiriendo multitud de habilidades y competencias fundamentales para la incorporación activa al mundo laboral y social, permitiendo la convivencia con otras personas (Quiroga et al., 2021). A ello se suma que es una etapa en la que la socialización y las interacciones sociales van a marcar, en cierta (o en gran) medida, el devenir positivo o negativo de la persona. La búsqueda de la intimidad y de la construcción del rol social comienza a evolucionar en la última fase de la adolescencia, de un proyecto de vida complementario con el proyecto familiar a una forma de enfrentamiento social y personal propio.

En este proceso de entrenamiento social tendrá lugar la consolidación de la identidad y los roles; y la irrupción de las adicciones son un grave problema de salud pública (Aveiga et al., 2018). El circuito de recompensa es un mecanismo biológico profundamente arraigado en el cerebro, que juega un papel importante en el desarrollo de la adicción y que funciona mediante la liberación de neurotransmisores que generan sensaciones de placer en respuesta a determinados estímulos. Esta liberación de neurotransmisores influye en la probabilidad de que una persona desarrolle una adicción a un comportamiento o sustancia.

El circuito de recompensa está basado en una red de conexiones neuronales involucradas en la motivación, el placer, el aprendizaje y el comportamiento adictivo. Cuando se detecta una sensación placentera, esta red libera una serie de neurotransmisores que se activa a través de ese estímulo, y que aprende ese mecanismo de estímulo-respuesta dejando ese recuerdo placentero, es el primer paso para desarrollar una adicción, ya que esta respuesta se asocia con la necesidad de repetir la conducta y crear un patrón de comportamiento.

Y en todo ello aparecen los usos y dependencias de las redes y las tecnologías de comunicación que, mal usadas, pueden llegar a convertirse en una adicción. ¿Qué posición deben adoptar los centros educativos? ¿Cómo podemos equilibrar su uso sin caer en estas situaciones peligrosas? ¿Deberían los centros educativos integrarlas, alejarse de ellas?

3. RELACIÓN SOCIAL E IMPACTO DE LAS TECNOLOGÍAS DE LA COMUNICACIÓN

La convivencia en las aulas es fundamental para crear un entorno de aprendizaje positivo, especialmente en este contexto de tecnología y espacios virtuales. Además, es la base para crear entornos educativos seguros y acogedores. Así pues, es de vital importancia educar a los estudiantes sobre el uso responsable de la tecnología (Aparicio et al., 2023) y fomentar la empatía digital, valorando la importancia de familiarizarse con ellas y prevenir situaciones y consecuencias no deseables.

La forma de acercarse a los entornos virtuales debe hacerse desde un enfoque más integral. La educación virtual no es solo un nuevo medio de comunicación, sino que implica cambios en la pedagogía y plantea nuevos retos metodológicos y actitudinales entre estudiantes y profesores. Y en esta línea, no debemos olvidar que podemos trabajar competencias, de forma alternativa a la presencialidad y la clase magistral.

Este tipo de aprendizajes relevantes para toda la vida, guardan relación estrecha con el aprender a ser y aprender a convivir -propuestos en el informe Delors (1996)-, puesto que se trata no sólo de adquirir conocimientos sino de aprender a ser persona. Este concepto nunca cambiará en nuestro sistema y escala hacia nuevos valores *online* y *offline* que son altamente necesarios en este futuro inmediato.

Y así aparece el término de "ciber ciudadanía" referido a aquellos derechos y deberes de los ciudadanos en el entorno de las tecnologías de la información y la comunicación. Se parte de un concepto que se hizo muy conocido hace una década como es el término de "nativos digitales" (Prensky, 2001). Este colectivo se define por la normalización en el uso de las tecnologías desde muy pequeños, en comparación con otro sector de población que las ha tenido que conocer y adaptarse a ellas siendo más adultos–"inmigrantes digitales"-, término acuñado por el mismo autor.

De esta forma, parece que la sociedad está dividida en dos. Por un lado, están aquellos que todavía se están adaptando a esta nueva realidad, generando lo que llamamos la "brecha digital". Y por otro, los jóvenes, que la perciben como una herramienta con la que han nacido y forman parte de la totalidad de sus hábitos diarios, no concibiendo la vida sin las pantallas (López, Murillo y Rojas, 2022).

Las tecnologías han supuesto una transformación y una revolución en nuestra sociedad, ha transformado nuestros hábitos y generado un cambio profundo en diferentes ámbitos como la comunicación, el ocio y el trabajo (Medina, 2020). Tenemos unos nuevos códigos de comunicación que han cambiado el mundo y el modo en que lo vemos tanto de nuestra vida, tanto offline como online.

Según datos de la "Encuesta sobre Equipamiento y Uso de las Tecnologías de la Información y Comunicación en los Hogares" (Instituto Nacional de Estadística, 2022), la cantidad de tiempo que invierten en las redes sociales hace que más del 60% de los jóvenes vean afectados otros hábitos o habilidades cotidianas, como hacer deporte, dormir o leer. Otro informe actual, el *Global Overview Report* (2023), informa que más del 94% de la población utiliza internet de los que en torno al 85% son usuarios continuos y asiduos de las redes sociales. El teléfono móvil es el preferido sobre todo entre los más jóvenes con una media de casi 6 horas diarias. Llama la atención también que, de los 47.5 millones de habitantes en España, hay casi 10 millones de dispositivos móviles más.

Por todo lo visto, podemos afirmar que este nuevo paradigma tecnológico ha venido para quedarse y ya no hay marcha atrás (Jurado y Sánchez, 2014).

Actualmente los jóvenes disponen de varios dispositivos y hacen uso de ellos al mismo tiempo (Vaillant, Rodríguez-Zidán Zorrilla-Salgador, 2019). La edad para conectarse es cada vez más temprana. Las acciones que más se repiten son visualización de vídeos cortos, mensajería instantánea, descargas, escuchar música.

Este hecho pone de manifiesto que los menores, aunque utilicen de forma habitual internet, no quiere decir que lo hagan de forma responsable y segura. Y, por supuesto, casi en su totalidad, no miden las consecuencias y el impacto que puede tener en sus vidas, los peligros y riesgos a los cuales están expuestos. El uso problemático de las TIC ha sido una de las temáticas que más importancia ha logrado en el último lustro en España debido al crecimiento y extensión de esta situación, tal y como lo confirman distintas investigaciones (Díaz-Vicario et al., 2019).

La "nomofobia" es un término derivado de la contracción de "no-mobile-phone phobia" (Miranda y Pacheco, 2020). Es un fenómeno psicológico contemporáneo caracterizado por el miedo irracional o la ansiedad experimentada por individuos cuando están separados de sus dispositivos móviles, como teléfonos inteligentes o tabletas. Esta condición ha ganado relevancia en la era digital debido a la creciente dependencia de la tecnología móvil en la vida diaria.

Diversos autores (Díaz-Aguado et al., 2020) coinciden en la importancia de desarrollar habilidades socioemocionales, promover la empatía digital y cultivar una cultura escolar basada en valores y liderazgo positivo para crear entornos seguros y saludables.

Dada la relevancia que tiene la integración y adaptación de estos programas en los centros educativos, se hace necesario desde el liderazgo de los equipos directivos, crear un equipo impulsor que coordine y adapte las actuaciones a desarrollar desde el contexto escolar y la concreción en las aulas.

4. DESARROLLO DE LA COMPETENCIA DIGITAL

Frente a posturas negacionistas de la realidad actual, apostamos por favorecer la adquisición de competencias digitales y el aprovechamiento de sus beneficios en un mundo digitalizado y en continuo cambio (Carbonell, 2020). El problema en muchos casos ha sido el uso inadecuado de los dispositivos digitales en los centros educativos. Y esto hace plantearse para qué se ha usado y cómo se ha hecho.

Junto a ello, es necesario reflexionar sobre el aprendizaje de estrategias que defiendan a las personas frente a la deshumanización. Y emplear la tecnología no tiene por qué suponer esto último si se emplea de forma adecuada. Los resultados de investigaciones recientes refuerzan la relevancia de un enfoque integrador de los conocimientos, señalando mejoras significativas en el bienestar y rendimiento de los estudiantes al incorporar la alfabetización mediática, informacional y digital junto con el desarrollo socioemocional (Villegas et al., 2022).

Los datos de numerosos estudios científicos -como el de Núñez, Yépez y Santana (2022)- demuestran la relevancia e importancia que tiene hoy el día el valorar las ventajas y desventajas que tiene el uso responsable de la tecnología en el aula. Ante este nuevo reto social, los diferentes campos de investigación tienen el foco puesto en el ámbito sanitario, en la sociología, la filosofía o en la educación, por las repercusiones e impacto que tiene sobre las personas y sus hábitos de conducta (Rodríguez-Rodríguez, Ortega-Ortigosa y Mateos, 2021), así como en el conjunto de la sociedad. Todo este marco teórico fundamenta esta necesidad de investigar mucho más desde el campo de la pedagogía y la orientación educativa el impacto de la digitalización en las personas y el desarrollo de programas que protejan su salud mental sin pretender negar la existencia de la propia tecnología educativa.

Actualmente vivimos una creciente digitalización de los entornos educativos que precisa urgentemente de una adecuada preparación del alumnado en la competencia digitales. Por este motivo, los centros educativos españoles tienen que elaborar un Plan Digital. Este plan debería incluir un Programa de Bienestar Digital que prepare para la convivencia en estos nuevos entornos. Este programa estaría claramente en sintonía con el espíritu de la ley actual de educación en España: la LOMLOE (Ley Orgánica 3/2020). En concreto, en las competencias clave y en las continuas referencias a los objetivos al ODS (Objetivos de Desarrollo Sostenible) y al componente emocional de la ley.

Por su parte, el Instituto Nacional de Tecnologías Educativas y de Formación del Profesorado (INTEF), del Ministerio de Educación y Formación Profesional de España, se encarga de la integración de las tecnologías en el sistema educativo y dedica un área a aspectos relacionados con el bienestar digital.

Todo ello fundamenta y encaja este programa tan necesario para la formación integral del alumnado. Una formación que debe capacitarlo no solo en el manejo técnico de herramientas digitales, sino también en la autorregulación emocional y en la gestión del tiempo de uso, aspectos esenciales para prevenir problemáticas como la fatiga digital o el ciberacoso.

5. EL BIENESTAR DIGITAL EN LOS CENTROS EDUCATIVOS

Así pues, la era digital en la que vivimos demanda a los centros educativos la implementación de programas que preparen a los estudiantes, no solo en habilidades técnicas, sino también en las competencias emocionales y el pensamiento crítico que les ayude a interactuar de manera segura y saludable en los entornos digitales. Se unen así a otras competencias que preparan al alumnado para su vida presente y futura en la sociedad y en su desarrollo personal adulto.

Las competencias emocionales -entre las que destacan la empatía, la autorregulación y la toma de decisiones responsables- representan aspectos fundamentales en el contexto educativo y se relacionan estrechamente con la competencia digital cuando se trata del uso seguro y saludable de las herramientas digitales (Soroa y Hernández. 2024). Y el aprendizaje emocional en el ámbito académico es una estrategia fundamental para el desarrollo integral del estudiante (Bisquerra y Mateo, 2019).

Dentro del marco de competencias digitales del INTEF (2022), el área 6 denominada "Bienestar Digital", se centra en habilidades vinculadas a la gestión de la seguridad y la salud en el entorno digital, incluyendo el control y la autorregulación en el uso de tecnologías.

Figura 1. Competencias del MCDD

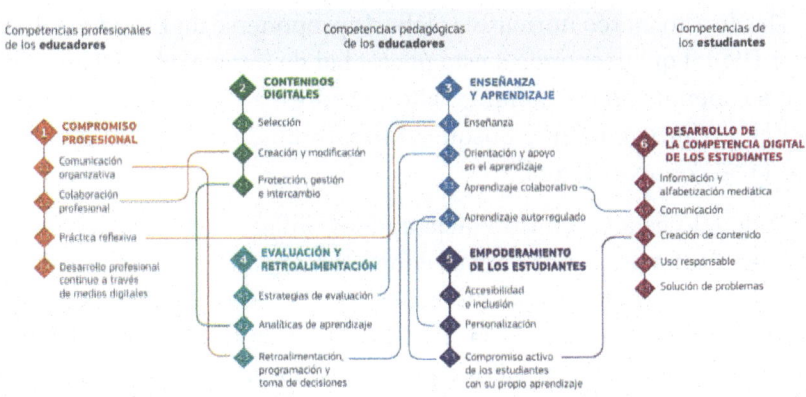

Nota. Redecker, (2020). Marco europeo para la competencia digital de los educadores: Dig-CompEdu.

En el desarrollo de la competencia digital de los estudiantes (área 6) se desarrollan las siguientes competencias específicas:

- La búsqueda y gestión de la información y los datos veraces y contrastados.

- Participar en la sociedad con los servicios digitales de manera adecuada y la búsqueda de autoempleo.

- La creación de contenidos digitales y el respeto a los derechos de autor

- La seguridad, que puede incluir aspectos como:
    - la protección de los dispositivos, los contenidos, los datos y la privacidad de las personas.
    - la salud física y psicológica de los individuos garantizando su bienestar y su inclusión.
    - Ser consciente del impacto medioambiental
- Resolver problemas identificando las necesidades humanas. Innovar y mantenerse al día sobre la evolución digital.

Desde este marco normativo, debería proponerse un Programa Bienestar Digital que responda a esta necesidad de integración del aprendizaje socioemocional (Zamora, Valle y Andrés, 2019) y la competencia digital. Un programa que busque el desarrollo de capacidades para la vida en el contexto actual.

Todo ello está en consonancia con las obligaciones que se derivan de diferentes marcos normativos como es la ley de Protección de Datos Personales y garantía de los derechos digitales (Ley Orgánica 3/2018). En ella se hace referencia a la necesidad de formar al alumnado en el uso responsable de los medios digitales y la exigencia del sistema educativo de acometerlo; de manera especial, con relación al uso crítico y responsable de los medios, el respecto a los valores constitucionales, la protección de datos, la prevención de situaciones de riesgo o la discriminación entre otros.

Artículo 83. Derecho a la educación digital.

1. El sistema educativo garantizará la plena inserción del alumnado en la sociedad digital y el aprendizaje de un consumo responsable y un uso crítico y seguro de los medios digitales y respetuoso con la dignidad humana (...) Las Administraciones educativas deberán incluir en el desarrollo del currículo la competencia digital a la que se refiere el apartado anterior, así como los elementos relacionados con las situaciones de riesgo derivadas de la inadecuada utilización de las TIC, con especial atención a las situaciones de violencia en la red.

Por su parte, la LOMLOE, nos indica que la tutoría y la orientación educativa de los centros deben hacer hincapié en el acompañamiento socioeducativo del alumnado de manera personalizada de diversos aspectos; entre los que aparece, el empleo de las tecnologías de la información y la comunicación:

3. Los criterios pedagógicos con los que se desarrollarán los programas formativos (...) fomentarán el desarrollo de habilidades sociales y emocionales, el trabajo en equipo y la utilización de las tecnologías de la información y la comunicación.

Asimismo, la tutoría y la orientación educativa y profesional tendrán una especial consideración, realizando un acompañamiento socioeducativo personalizado (...).

Ley Orgánica 3/2020, Artículo 30.3

Y en consonancia con esto, se derivan dos claros perfiles: los docentes y los orientadores. Los primeros debe poseer ciertas competencias en el manejo de todos estos aspectos, pero deberán formarse de manera más específica los orientadores escolares por la peculiaridad de sus intervenciones (Amor y Serrano, 2019).

6. LAS APORTACIONES DEL PROGRAMA *CASEL* AL PROGRAMA DE BIENESTAR DIGITAL

En la línea que se está exponiendo, se encuentra el programa *Casel o SEL* en inglés (*Social and Emotional Learning*). Se trata de una propuesta de intervención educativa para desarrollar las competencias sociales y emocionales en la escuela.

Se apoya en cinco subcompetencias básicas:

1. La conciencia de sí mismo. Reconocer las emociones y pensamientos propios.

2. Conciencia social. Tomar perspectiva en otras culturas, aceptándolas e integrándolas.

3. Las habilidades sociales. Relaciones saludables entre personas y grupos.

4. Tomar decisiones de forma responsable. Decisiones constructivas basadas en estándares éticos.

5. El autocontrol. Regulación de las emociones, pensamiento y comportamientos en diferentes situaciones.

Como se puede apreciar en la figura siguiente, su proceso de implantación está basado en el paradigma ecológico:

Figura 2. CASEL: Avanzando en el aprendizaje social y emocional.

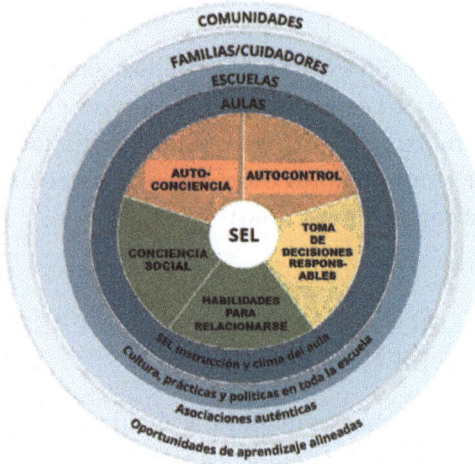

Nota. Adaptada de *Serie de Discusión de SEL para Padres y Cuidadores* (p. 4), por CASEL, 2018, https://casel.org/caselcaregiver_spanish/. CC BY 2.0

Esta propuesta del modelo CASEL es perfectamente compatible con las pretensiones del INTEF antes nombrado, especialmente en lo concerniente a la "alfabetización mediática e informacional y el pensamiento crítico". En ambos casos se manifiesta la necesidad de formar a las personas de forma íntegra dotándolas de capacidad ética, reflexiva y efectiva en el contexto actual. Teniendo en cuenta la compatibilidad de ambas propuestas se han analizado las dos y se han extraído los siguientes ejes de actuación que podrían convertirse en los pilares del programa de bienestar deseado:

1. La autoconciencia y la alfabetización informacional

Fortalecer al alumnado para enfrentarse a la sobrecarga informativa.

En el marco del INTEF, la alfabetización informacional plantea que cada alumno sea capaz de evaluar críticamente la veracidad, fiabilidad y relevancia de la información encontrada en los entornos digitales. Para lograrlo, deben tener una clara conciencia de sus propios sesgos y emociones, pues a menudo influyen en la manera en que procesan y valoran la información.

2. La autorregulación y la seguridad digital

Según el modelo CASEL, la autorregulación trata de aprender a gestionar las emociones y actitudes encaminados hacia sus metales vitales. Para ello es crucial establecer una seguridad digital que implique controlar los impulsos y la protección de su seguridad. Esto facilitará también evitar compartir contenidos inadecuados.

3. La conciencia social y la comunicación colaborativa

En el modelo de CASEL, la conciencia social se relaciona con la empatía y el respeto, lo que entronca con la comunicación y colaboración ética y respetuosa propuestas por el INTEF. Esta línea de actuación coadyuva a la construcción de comunidades digitales sanas e inclusivas.

4. Habilidades de relación y construcción de contenidos digitales

CASEL nos propone una comunicación efectiva y la resolución sana de los conflictos, lo que está en relación con la creación de contenidos digitales respetuosos con la diversidad y los derechos de autor del INTEF.

5. La resolución de problemas de manera responsable.

Deberíamos proponer el abordaje de problemas complejos que incluyan la evaluación de las consecuencias éticas que se proponen por parte del INTEF, lo que requiere de un uso crítico y creativo de los recursos digitales. Esto podría realizarse a través de simulaciones en las que tengan que analizar los dilemas éticos implicados.

Como se ha podido observar, las propuestas del programa CASEL y los objetivos del INTEF son compatibles. La selección de estos ejes podría convertirse en los pilares de un Programa de Bienestar Digital y representan un enfoque integral del uso de las tecnologías en las escuelas que combina el dominio técnico con la ética y la fortaleza en su uso.

7. CONCLUSIONES

La relación entre competencias emocionales y digitales resulta crucial en el contexto actual. Según García, Buenestado y Ramírez (2023), la formación en habilidades emocionales se asocia positivamente con una mejor adaptación a entornos digitales y previene conductas problemáticas relacionadas con la tecnología. El marco de competencias digitales del INTEF subraya la importancia de capacitar a los estudiantes en bienestar digital, promoviendo el uso saludable y seguro de las tecnologías, y no solo responde a las necesidades actuales del alumnado y del profesorado, sino que también fomenta una cultura de ciudadanía digital con un gran poder de transformación social.

Así pues, se hace imperativo un programa de bienestar digital con un enfoque educativo preventivo y proactivo que combine las competencias emocionales y digitales, promoviendo así un desarrollo integral de los estudiantes en un entorno cada vez más digitalizado. Para desarrollarlo se ha demostrado compatible con el programa ya experimentado denominado "CASEL", que se ha mostrado compatible con las aspiraciones del INTEF. De la fusión de ambos se han extraído cinco propuestas que podrían ser el esqueleto de la actuación de los centros educativos y un referente para la formación integral del alumnado, preparándolo tanto en los aspectos técnicos como en los éticos y de salud personal. Todo ello redundará en el enriquecimiento de la sociedad y de una mayor fortaleza de sus miembros.

REFERENCIAS BIBLIOGRÁFICAS

Amor Almedina, M. I., y Serrano Rodríguez, R. (2019). "Las competencias profesionales del orientador escolar: el rol que representa desde la visión del alumnado". Revista de Investigación Educativa, 38(1), 71–88. https://doi.org/10.6018/rie.32104

Aparicio-Gómez, O. Y., Ostos-Ortiz, O. L., & von Feigenblatt, O. F. (2023). "Competencia digital y desarrollo humano en la era de la Inteligencia Artificial". Hallazgos, 20(40), 217-235

Aveiga, V., Ostaiza, J., Macías, X., y Macías, M. (2018). Uso de la tecnología: entretenimiento o adicción. Caribeña de Ciencias Sociales.

Bisquerra, R., y Mateo, A., (2019). Competencias emocionales para un cambio de paradigma en educación. Horsori.

Carbonell, X. (2020). "El diagnóstico de adicción a videojuegos en el DSM-5 y la CIE-11: Retos y oportunidades para clínicos". Papeles del psicólogo, 41(3), 211-226.

García Ruiz, M. R., Buenestado Fernández, M., y Ramírez Montoya, M. S. (2023). "Evaluación de la Competencia Digital Docente: instrumentos, resultados y propuestas. Revisión sistemática de la literatura". Educación XX1, 26 (1), 273-301. https://doi.org/10.5944/educxx1.33520

Casel (2018). Serie de Discusión de SEL para Padres y Cuidadores. https://casel.org/caselcaregiver_spanish/

Delors, J. (1994.). La educación encierra un tesoro. Informe a la UNESCO de la Comisión internacional sobre la educación para el siglo XXI. Santillana/UNESCO

Díaz-Aguado Jalón, M. J. (2005). "Por qué se produce la violencia escolar y cómo prevenirla". Revista Iberoamericana de Educación, 37. https://doi.org/10.35362/rie370838

Díaz-Vicario, A., Mercader, C. y Gairín, J. (2019). "Uso problemático de las TIC en adolescentes". Revista Electrónica de Investigación Educativa, 21, e07, 1-11. doi:10.24320/redie.2019.21.e07.1882

Durán Ruiz, F.J. (2023). La transformación digital en las ciudades: regulación, protección de derechos y brecha digital en las ciudades inteligentes. Dykinson.

INTEF (Instituto Nacional de Tecnologías Educativas y de Formación del Profesorado) (5 de mayo de 2022). Competencia digital educativa. Ministerio de Educación, Formación Profesional y Deportes. https://intef.es/competencia-digital-educativa/competencia-digital-docente/

Instituto Nacional de Estadística (INE) (2022). Informe Anual 2022. https://www.ine.es/ine/planine/informe_anual_2022.pdf

Jurado Torres, A. A., y Sánchez Campos, J. J. (2014). "Adolescentes y las nuevas formas de relacionarse en la sociedad del conocimiento". Revista Internacional de Aprendizaje y CiberSociedad, 18(2).

Ley Orgánica 3/2018, de 5 de diciembre, de Protección de Datos Personales y garantía de los derechos digitales. https://www.boe.es/eli/es/lo/2018/12/05/3/con

Ley Orgánica 3/2020, de 29 de diciembre, por la que se modifica la Ley Orgánica 2/2006, de 3 de mayo, de Educación. https://www.boe.es/eli/es/lo/2020/12/29/3/con

López, A. B. V., Murillo, C. R. F., y Rojas, A. M. V. (2022). "La salud visual y su relación con el síndrome del computador". RECIAMUC, 6(2), 280-286.

Miranda, N. D., y Pacheco, N. E. (2020). "Inteligencia emocional, adicción al smartphone y malestar psicológico como predictores de la nomofobia en adolescentes". Know and share psychology, 1(2).

Moreno, A. G. y Jurado, M. D. M. M. (2022). "Las habilidades sociales y su relación con otras variables en la etapa de la adolescencia: una revisión sistemática". Revista Iberoamericana de Psicología, 15(1), 113-123.

Noguera, C. A. R., y Giraldo, D. I. A. (2023). "Nuevas formas de aprendizaje en la era digital, retos y desafíos para estudiantes y maestros". Ciencia y Educación, 4(6), 16-31.

Núñez, G. L. N., Yépez, S. L. T., y Santana, J. L. Z. (2022). "El uso del computador, las redes sociales y las nuevas tecnologías en los adolescentes y jóvenes: un análisis desde su perspectiva". Universidad y Sociedad, 14(S3), 465-475.

Prensky, M. (2001). "Nativos digitales, inmigrantes digitales". On the horizon, 9(5), 1-7.

Quiroga, F., Capella, C., Sepúlveda, G., Conca, B., y Miranda, J. (2021). "Identidad personal en niños y adolescentes: estudio cualitativo". Revista Latinoamericana de Ciencias Sociales, Niñez y Juventud, 19(2), 320-344.

Redecker, C. (2020) Marco Europeo para la Competencia Digital de los Educadores: DigCompEdu. (Trad. Fundación Universia y Ministerio de Educación y Formación Profesional de España). Secretaría General Técnica del Ministerio de Educación y Formación Profesional de España (Original publicado en 2017). https://www.metared.org/content/dam/metared/pdf/marco_europeo_para_la_competencia_digital_de_los_educadores.pdf.

Global Overview Report (2023). Digital 2023. We are social-Meltwater. https://wearesocial.com/es/blog/2023/10/informe-digital-2023-octubre/

Rodríguez-Rodríguez, J., Ortega-Ortigoza, D., & Mateos, A. (2021). "Bienestar emocional y resiliencia en profesionales de la educación social durante el confinamiento por la COVID-19". Revista de Estudios e Investigación en Psicología y Educación, 8(2), 242-260.

Soroa. M.P. y Hernández, M.M. (2024). "Más allá de las fronteras del INTEF". Repensar la innovación en el aula: otras formas de enseñanza. Dykinson.

Vaillant, D., Rodríguez-Zidán, E. y Zorrilla-Salgador, J. P. (2019). "Incidencia de la edad de acceso a las tecnologías de la información y la comunicación y el uso de internet en el aprendizaje en ciencias". Educação & Sociedade, 40

Villegas, D. A., Ganoza, A. R., Arana, M. V., Núñez, F. J. S., y Huerta, W. E. L. (2022). "El maestro universitario en la era digital". Revista Innova Educación, 4(2), 201-212.

Zambrano, I. N. L., Nivela, K. D. R., y Beltrán, D. G. L. (2023). "Las redes sociales (Instagram) como lugares de socialización y creación cultural". Journal of Science and Research: Revista Ciencia e Investigación, 8 (2), 85-100

Zamora, E. V., del Valle, M., y Andrés, M. L. (2019). "Educar en emociones: los programas de aprendizaje socioemocional (SEL)". La ciencia de enseñar. Aportes desde la psicología cognitiva a la educación. Universidad Nacional de Mar del Plata.

Capítulo 4
Inteligencia artificial: un enfoque tridimensional para su articulación coherente en el aula

Azahara Casanova Pistón

1. INTRODUCCIÓN

Los peripatéticos formaba a sus alumnos en la reflexión mientras caminaban. Este enfoque pedagógico se centraba en la interacción gracias al pensamiento crítico transmitiendo el conocimiento de manera orgánica y personal (Baltussen, 2016). Andar facilitaba una oportunidad para la exposición y el intercambio de conocimiento al ritmo acompasado del avance del propio cuerpo. La interacción entre maestro y discípulo fomentaba así un ambiente de curiosidad y de exploración intelectual que construía el conocimiento a través del debate de las ideas y la observación del mundo natural (Falcon, 2012). Al llegar la alfabetización digital, el ritmo evolutivo de nuestra capacidad reflexiva se aceleró provocando una mayor eficiencia en el proceso para la adquisición de conocimientos, competencias o habilidades(Samaniego, 2024). En esta primera ola de tecnología, los ordenadores a modo de propulsores rudimentarios, como lo son las bicicletas, comenzaron a facilitar el acceso a la información y mejorar la eficiencia en la enseñanza y el aprendizaje (Bulman & Fairlie, 2016; Gallegos-Talavera et al., 2024). Su utilización en el campo socio-educativo todavía requería un esfuerzo humano significativo para avanzar aunque marcó el inicio de una era en la que la tecnología se convirtió en una herramienta complementaria muy útil dado que ampliaba las posibilidades de aprendizaje sin reemplazar la esencia del proceso educativo.

Pero la irrupción de la Inteligencia Artificial (IA) en la sociedad supone un salto cualitativo. Supone, metafóricamente, subirse a un segway. Andar ya no es suficiente, pedalear; tampoco. El mercado laboral necesita trabajadores que piensen rápido, bien y sin perjudicarse (Jiang & Ma, 2024;Smit et al., 2020). Así, la IA parece una nueva oportunidad para conseguirlo, porque no solo facilita el acceso a la información, sino que también lo acelera, lo automatiza, toma decisiones y puede personalizar el aprendizaje o las habilidades necesarias requeridas para el puesto (PricewaterhouseCoopers [PWC], 2014).

Estas cuestiones parecen baladíes, pero no lo son. Una transición acelerada a un nuevo paradigma plantea cuestiones éticas y filosóficas que necesitan más peripatetismo que memoria RAM. En lo que se refiere a la educación, si la IA tiene el potencial de revolucionarla, dado que ofrece herramientas que pueden mejorar la calidad, personalizar el aprendizaje, la accesibilidad o automatizar tareas educativas como la creación de instrumentos de evaluación, también es capaz de implantar nuevos patrones subyacentes en la forma de aprender. Por lo que, es urgente y necesario identificarlos y analizarlos para delimitar el acceso (si fuera necesario) o potenciarlos para mejorar la calidad de la educación.

Esas respuestas más acuciantes se han evidenciado a modo de inconvenientes de necesaria y evidente acotación en el uso de tecnologías que podrían extenderse de forma acelerada con la IA. Se han identificado comportamientos muy nocivos y dañinos tanto para el equilibrio social como educativo (Morales-Vásquez et al., 2024): Uno de ellos es la dependencia excesiva que puede desembocar en la deshumanización del proceso de vivir en sociedad (Cordova, 2024) y por ende, de deshumanización del educativo. Otro es el que desemboca en problemas de salud mental con diversos síndromes como el MAPA (Przybylski et al., 2013), la ansiedad, el insomnio o la depresión (Iglesias-López et al., 2023). Por otro lado, también se han demostrado síntomas disociativos en el uso de tecnologías cuyas consecuencias sociales son inimaginables para el equilibrio social.

Existen otras preocupaciones más prácticas como la salvaguarda de la privacidad de los datos, considerados estos últimos como el oro negro del siglo XXI (Collado-Calvo, 2019) y el uso que se haga de ellos por parte de la IA, que caber recordar, está siendo popularizada por empresas de capital privado que pueden favorecer, por ejemplo, el microtargeting electoral (Romero-Fierro, 2023) o el control del acceso al crédito (Campos-Rivera, 2024). En este contexto, la UE ha tomado la iniciativa como pionera en su regulación legislativa por lo que, se están dando pasos en la dirección adecuada (European Union, 2024). Además de todo lo anterior, otros problemas públicos y notorios son los sesgos algorítmicos (Bustelo, 2024) que todas las plataformas están intentando mitigar con el entrenamiento más equitativo y equilibrado desde que se popularizaron sus chatbots(López & Sandoval, 2016).

Preocupaciones aparte, para poder identificar qué aportaciones realiza la IA en educación se hace necesaria la exploración de sus posibilidades y para ello, se debe crear el diseño de actividades partiendo de la investigación que permita los errores para aprender y pulir los defectos (Easterday et al., 2014). Sin embargo, no se puede olvidar que trabajamos con seres humanos que deberán encajar como ciudadanos en el futuro. Las inquietudes son muchas y algunas respuestas son urgentes.

En este camino, los seres humanos, más allá de la ley, se encuentran desamparados. Desde la parte que ocupa a los docentes o educadores, debemos poder analizar, comprender y saber proteger a las futuras generaciones formándolas para que sean capaces de desenvolverse en el mundo que les ha tocado vivir otorgándole herramientas tecnológicas y habilidades socioeducativas que les capaciten responsablemente como ciudadanos.

Para poder arrojar algo de luz, en este capítulo se tratará de desarrollar un análisis crítico posterior sobre algunas de las cuestiones que se plantearon en la mesa redonda sobre los *Retos actuales sobre la formación docente y ética en inteligencia artificial y otros retos tecnológicos para la igualdad de oportunidades,* en el marco del II Congreso Internacional de Políticas Educativas entre Europa e Iberoamérica el 20 de noviembre de 2024 organizado por la Universidad Católica de Valencia, San Vicente

Mártir. Este post análisis deriva en un enfoque tridimensional para el aula teniendo en cuenta; por un lado, la privacidad de los datos de personal altamente sensible como son los menores, por otro, el conocer las herramientas más adecuadas de IA o IAGen (García-Peñalvo et al., 2023) que cumplan con lo anterior además de con ciertos requisitos técnicos y pedagógicos para poder trabajar con ellas en el aula y finalmente, la calidad pedagógica, las estrategias de aprendizaje y los beneficios reales que puede aportar al aula desde el análisis de la realidad educativa de experiencias con los implicados que son; la comunidad educativa en su conjunto.

2. MATERIALES Y MÉTODO

La investigación sobre Inteligencia artificial: un enfoque tridimensional para su articulación coherente en el aula tuvo tres grandes fases: en la primera fase se sentaron las bases discursivas de la investigación, en la segunda fase, se procedió a la investigación bibliográfica para el análisis crítico de las temáticas recopiladas en la primera fase y para finalizar, en la tercera fase, se produjo el desarrollo narrativo para la organización de evidencias de la investigación.

En la primera fase, para una sistematización y recopilación de lo expuesto, a través del método fenomenológico (Corona-Lisboa, 2018) en una mesa redonda como técnica o dinámica grupal cualitativa(López & Sandoval, 2016) se trataron varios temas con cuatro expertos en el ámbito educativo para abordar la complejidad de la temática. El perfil de expertos fue: una representante regional de las escuelas religiosas de España, una representante de la Universidad Católica como experta en el uso en Inteligencia Artificial en las aulas, un experto docente y director del Observatorio internacional de Inteligencia artificial en educación y docente en activo en educación primaria (https://www.observatorioia. com/) y la coordinadora académica del Instituto Iberoamericano de formación y aprendizaje para la cooperación (https://oei.int/instituto-de-formacion-oei/). Con estos tres perfiles se fomentó la reflexión y el intercambio de ideas para:

- Generar hipótesis o problemas de investigación: En este contexto surgieron cuestiones sobre el abordaje de la seguridad en el uso de los datos y la experiencia de usuario al tratar con herramientas tecnológicas ajenas a un sistema educativo controlado desde el punto de vista gubernamental. El amparo de la ley europea sobre la IA y el futuro de la educación.

- Discutir sobre el buen uso articulado del uso de la IA en el ámbito educativo. ¿Cómo podemos utilizarla para el aprendizaje de nuestro alumnado? ¿Cómo afectará al futuro laboral? Temas como los desafíos de la formación de profesores y la ética en la inteligencia artificial, así como otros desafíos tecnológicos para la igualdad de oportunidades fueron algunos de los ejes esenciales. Los panelistas, expertos en educación, tecnología, química y filosofía discutieron sobre el papel del profesorado en la era de la IA, las implicaciones éticas de la inclusión en dicho ámbito y los desafíos de utilizar la tecnología para promover la igualdad de oportunidades. También se discutió la importancia de la formación de profesores en IA y la necesidad de un enfoque equilibrado para su uso educativo.

- Integrar perspectivas y enfoques: Se realizó un análisis de la realidad educativa en la que se profundizó en la necesidad de uso en contextos y momentos determinados de la enseñanza. Los resultados de una reflexión de estas características pueden extenderse y forzar al entorno escolar a responder con urgencia algunas preguntas que, hoy en día, son de emergencia para la práctica educativa.

Como consecuencia de esta mesa redonda se plantean varios ejes discursivos a desarrollar en la segunda fase: la privacidad, las herramientas de IA más adecuadas para el aula y la metodología didáctica a aplicar con IA. En esta segunda parte de la reflexión crítica surgió una pregunta de investigación. ¿Cuál es el estado de la cuestión actual acerca de la privacidad de los datos en el uso de la IA en el aula, y cuáles son las herramientas de IA más aconsejadas en el ámbito educativo? Para este menester, se procede a organiza tres subbases:

- En la primera subfase, se realiza un análisis de la actual normativa española y europea a fin de conocer el estado de la cuestión.

- En la segunda subfase, se crea un instrumento para el análisis de herramientas de IA para el ámbito educativo y se recopilaron varias herramientas de IAGen comprobando su funcionalidad educativa.

- En la tercera subfase se propone el análisis de dos bases de datos, ERIC y Dialnet, a través de términos booleanos con las palabras clave: Inteligencia artificial y educación, con sufijos con el fin de encontrar artículos de experiencias educativas en el aula acerca de la aplicación de la IA en dicho ámbito. De los resultados obtenidos se eliminan duplicados y se criban mediante la lectura del Abstract para descartar aquellos que no tengan relación con implantaciones en el aula.

Tabla 1. Esquema en tabla del proceso de búsqueda y cribado de resultados

Base datos	Palabras clave	Cadena de búsqueda	Filtros	Resultados	Experiencias educativas
Eric	Artificial Intelligence, education	Artificial AND Intelligence AND education	Solo revisados por pares (peer reviewed only) Solo texto completo disponible (Full text avaliable on ERIC, solo artículos, Localización: España	13	4
Dialnet	Artificial Intelligence, education, school	Artificial Intelligence, education, school	Solo textos completos.	79	11

Nota. Elaboración propia

Además, en la criba, se añaden criterios de inclusión y exclusión. Como criterios de inclusión se tienen en cuenta solo documentos que sean artículos, relacionados con la Educación Infantil, Primaria, Secundaria, Bachillerato y Formación Profesional que incluyan metodologías de investigación, didácticas y uso de la IA. Como criterios de exclusión se tuvieron en cuenta que todos los artículos no fuesen anteriores a 2020 y todos los estudios no prácticos o que no mostrasen experiencias educativas en el aula

En la tercera fase se procede al análisis de los resultados obtenidos y la extracción de conclusiones, así como la reflexión de las limitaciones del estudio y las posibles futuras líneas de investigación.

3. RESULTADOS

La Inteligencia artificial ha aparecido en la sociedad como otra herramienta tecnológica que permite realizar tareas más avanzadas de lo que la tecnología anterior permitía. Esta es una realidad innegable. No obstante, en lo que respecta a los centros educativos y a su inclusión como posibilidad pedagógica en el aula, existen tres enfoques que deben ser abordados de forma rápida y crítica: la privacidad y la experiencia de usuario por su valor inmaterial extractivo (López-Zafra & Queralt-Sánchez de las Matas, 2019), las herramientas IAGen usables en el centro educativo y las metodologías didácticas con las que se puede implantar IA en el aula.

La privacidad y la experiencia de usuario: de cómo proteger el oro del siglo XXI

Un enfoque necesario a tener en cuenta es la privacidad de la experiencia de usuario: Es necesario recordar que, en los niveles reglados, los docentes y centros educativos están trabajando con menores de edad y, por lo tanto, con datos y con las huellas digitales de sus alumnos (Goel & Chaudhary, 2024). También cabe recordar que, dicha huella se está construyendo dentro de los muros de un espacio seguro. Aquí, tal y como se trató en la mesa redonda, la ley nos ampara. Primero con el Reglamento General de Protección de datos de la Unión Europea [RGPD] y española en donde se establece jurídicamente la protección de datos personales en la Unión Europea (UE) y el Espacio Económico Europeo (EEE) garantizando así la seguridad y la confidencialidad de los datos(Unión Europea [UE], 2016). Después, en España, con la Ley Orgánica de protección de datos personales (Boletín Oficial del Estado, 2018) en donde se regula y se establece un marco más amplio y detallado de dichos datos, así como de la delimitación de la responsabilidad jurídica del tratamiento de los mismos por parte de los responsables, incluyendo entidades públicas y privadas. Sin embargo, esto se elabora de forma parcial, porque solo se centra en lo urgente. Para afinar todavía más, la Ley de Inteligencia Artificial (European Union, 2024) acota tres categorías de riesgo en las que incluye a la IA: aquellas aplicaciones de IA de riesgo inaceptable o alto riesgo, de riesgo limitado y de riesgo mínimo. Así, recae sobre los desarrolladores de IA de alto riesgo la responsabilidad legal de su mal uso ya que se prohíbe la identificación y recolección de datos biométricos, el almacenamiento de datos de reconocimiento facial o el "inferir emociones en lugares de trabajo o instituciones educativas" (European Union, 2024, art.5). La segunda categoría tiene una limitación menor debido a que, los desarrolladores, solo deben centrarse en que los usuarios sean conscientes de su interacción con ella. Finalmente, en la tercera, catalogada como de riesgo mínimo, es en la que la regulación no está definida. Parece ser que se avanza en este campo, precisamente por ser ésta las de más amplio espectro dado que incluyen la interacción del usuario con IAGen de texto, imagen, sonido y vídeo(Miao & Holmes, 2024).

4. HERRAMIENTAS: PAUTAS PARA SU ELECCIÓN

Otra de las vertientes a analizar en esta investigación es la del conocimiento de herramientas de IAGen y la justificación de uso en el aula. Para poder utilizar herramientas tecnológicas debemos conocer previamente cuáles son las más adecuadas. Esto implica realizar una aproximación previa a las mismas a través de un análisis crítico. En ese análisis previo se debe saber qué debemos analizar. Los profesionales de la educación, por tanto, necesitarán formación. Esto ocurre en todas las profesiones y, en la educativa, es de suma importancia que nuestras competencias profesionales aborden aquellas temáticas que tenemos que trabajar en nuestro día a día. La competencia digital docente (BOE, 2022), también está en proceso de articulación en el sistema educativo, nacional y regional y deriva en certificaciones oficiales que se pueden adquirir. Empresas de formación como IOI o el Observatorio Internacional para la Inteligencia Artificial, que participaron como panelistas expertos en el Congreso Internacional sobre políticas educativas entre Europa e Iberoamérica, tienen sus itinerarios formativos especializados en la temática de nuestro interés y pueden orientarnos sobre qué es necesario abordar en el aula. Sin embargo, y, ante la urgencia por la irrupción de la IA, paralelamente a la formación, se pueden realizar análisis preliminares de qué herramientas necesitaría conocer un docente para poder llevar a cabo proyectos en el aula con sus estudiantes.

Lo primero: el abordaje de las temáticas más desarrolladas en el ámbito tecnológico. ¿En qué áreas se puede utilizar la IA? Principalmente, relacionándolo con la educación la IA se ha decantado por dos grandes áreas, la textual y audiovisual. En el ámbito textual, los chatbots conversacionales son los más utilizados. Herramientas como Chatgpt, Gemini, Claude, Aithor o Mistral, etc. abrieron sus puertas al usuario para que pudiera trabajar y desarrollar principalmente texto. Después han venido herramientas de generación de imágenes como Dall-E 3, Copilot Designer, Leonardo, Canva Dreams Labs, Freepik o Recraft o herramientas de creación musical como Suno o Udio. A la par, algunas herramientas de generación de audio y vídeo como Krita, Flux, HeyGen, Hedra o Eleven Labs, ofrecen la oportunidad, no solo de crear imágenes en movimiento de avatares ficticios, sino, dotarles de voz e incluso crear uno con tu propia imagen y voz.

Encontramos otras que facilitan la tarea docente como la creación de presentaciones e infografías con materiales propios como Gamma,

Piktochart o la generación de serious games con IA como Educaplay. Todas estas opciones proporcionan un mundo de posibilidades de uso. No obstante, antes de realizar cualquier incursión en el aula, se necesita probar las aplicaciones para ver si cumple con ciertos requisitos mínimos. La primera recomendación que las pruebas preliminares que se realicen es que, en el caso de que soliciten registro por usuario de correo electrónico (que casi todas lo solicitan) se haga con un correo electrónico que no sea el personal o el de frecuencia de uso para cuestiones laborales o personales. La segunda recomendación es tener claras unas cuantas pautas o requisitos que deban cumplir.

Para ello, sería interesante elaborar una ficha analítica de las características, requisitos, ventajas e inconvenientes que supone su uso, costes, actualizaciones, soporte técnico, etc. Se propone una ficha que puede servir de apoyo para el profesorado interesado en utiliza y se explicarán sus apartados para que la persona interesada pueda realizar un análisis autónomo de las herramientas y se proporciona un ejemplo de análisis de una aplicación de IAGen. La ficha, como plantilla preliminar puede ayudar a realizar una primera aproximación a la conveniencia de ponerla en marcha en el aula o no. En esencia, es una lista de chequeo que trata de aportar información a golpe de vista. En ella se registrará la fecha de análisis, seis categorías generales analizables con ítems (algunos rellenables), la descripción de los mismos y la casilla de verificación de cada descripción solo rellenable en el caso de que la respuesta sea afirmativa. Las categorías tienen relación con información general de la aplicación de IA, la tipología de IAGen, requisitos de privacidad y seguridad, requisitos técnicos necesarios para su buen funcionamiento, retroalimentación, actualizaciones, formación y uso.

Una información esencial es la fecha de análisis de la aplicación. La población en general está acostumbrada a que las aplicaciones de sus dispositivos no sufran actualizaciones frecuentes. En el ecosistema general de la IA las modificaciones, actualizaciones o ampliación de funciones de una herramienta son una de sus características esenciales. En este campo, la herramienta con la se trabaje puede modificar sus funcionalidades en un lapso temporal muy corto, cosa que hace imprescindible conocer la fecha del análisis para tener en consideración la obsolescencia del mismo y adaptarse a los tiempos.

Por otra parte, nos encontramos la categoría de información general en la que el usuario analista podrá rellenar datos básicos como el nombre de la IA, su página web (si la hubiere), contestar en la descripción la versión del modelo de IA que se esté analizando y diversas preguntas relacionadas con el registro, gratuidad etc. con respuesta afirmativa rellenando una casilla de verificación. En la categoría de tipología se propone rellenar su funcionalidad (textual, visual, audio, etc.). En la siguiente categoría entran en consideración preguntas a contestar afirmativamente respecto de la privacidad de los datos.

En la cuarta categoría, se responden a cuestiones técnicas esenciales como la necesidad de conexión a internet para su uso o si es instalable en el ordenador entre otras. Esta categoría, además aporta una celda para observaciones dignas de ser tenidas en cuenta. En la categoría de retroalimentación y actualizaciones solo se puede aportar alguna observación destacable y contestar si se dispone de soporte técnico o actualizaciones identificables en algún apartado en la app o la web de la IA analizable. En la última categoría se puede analizar en qué nivel educativo se recomienda el uso y si es necesaria la formación previa para poder trabajar en el aula. Igualmente, en este apartado se dispone de una celda para aportar observaciones que no encajen en el resto de opciones del apartado.

Esta ficha puede servir a modo de biblioteca de análisis de aplicaciones y fue pensada ante la avalancha indiscriminada de Inteligencias artificiales que están surgiendo y que pueden confundir colapsando el criterio del usuario por exceso de información. Algunas de las herramientas citadas se clasifican por su uso en herramientas de IA para la generación de texto edición y/o generación de imágenes, herramientas para la generación de vídeo o de música.

Todas ellas reúnen características esenciales mínimas arriba indicadas en el momento de la investigación, pero pueden sufrir alteraciones o modificaciones unilaterales por parte de sus desarrolladores y son: que disponen de versión gratuita previo registro de usuario, necesitan de conexión a internet para su buen funcionamiento y son multiplataforma (dado que se accede desde cualquier navegador). El resto de características de la ficha de registro pueden varias y debería ser reevaluadas antes de su utilización. Sobre todo, en lo que respecta al cumplimiento de normativas de seguridad y privacidad de los datos. El análisis se ha realizado en tres grandes bloques: IAGen para texto, edición audiovisual (voz, imagen, vídeo y música subdividido en dos partes (audio-vídeo y música)) y finalmente, IAGen para la productividad docente en la que se incluye la creación de presentaciones, infografías y videojuegos educativos.

5. METODOLOGÍAS Y EXPERIENCIAS DE AULA

Y finalmente, la que tiene relación con la calidad pedagógica. La herramienta no es más que eso. Una herramienta. Pero entonces, ¿para qué es posible utilizarla en el aula? ¿Por dónde empezar? Y esta es la parte más necesaria de articular para una persona que se dedica a la enseñanza. Porque modular la materia a tratar de forma coherente, segura y responsable derivará en resultados beneficiosos para los estudiantes y es la principal preocupación del ámbito educativo en general y del cuerpo docente en particular sea del nivel educativo que sea. Del resultado de la búsqueda bibliográfica se extrajeron finalmente 15 artículos de experiencias educativas organizados por nivel educativo y por orden cronológico. Cada análisis incluye el nivel educativo en el que se implantaron las experiencias, el país de implantación y la materia educativa que se trabajó con la IA. También se explora la mención o uso de la privacidad de datos de usuarios, la metodología de investigación del estudio y la metodología didáctica empleada, así como las herramientas de Inteligencia Artificial (IA) utilizadas en cada estudio.

Los resultados se muestran en una tabla en la que se distribuye la información por autor/es, título del artículo, País, nivel o niveles educativos, materia o asignatura que trata, la metodología de la investigación y la didáctica empeladas, así como la herramienta de IA utilizada. También se muestra si se hace mención como mínimo a la protección de los datos de los usuarios de la experiencia.

6. CONCLUSIONES Y PROSPECTIVA

Todas las herramientas de IAGen actuales, sea de código abierto, soliciten registro previo, o no, deberían ser analizadas de forma rigurosa cuando se tratan datos sensibles, sobre todo de menores. Esto enlazaría con la primera parte relacionada con la legislación vigente sobre la privacidad de los datos o la salvaguarda de la experiencia de usuario, lo que demanda una urgente revisión de la legislación vigente respecto de la tercera categoría de la Ley Europea sobre IA(European Union, 2024). Actualmente, la mayoría de las herramientas analizadas responden a intereses económicos de compañía o empresas de capital privado. La responsabilidad de las consecuencias de un mal uso que se haga de la información recabada debería ser una cuestión abordable por parte de las instituciones políticas, pero de no ser así, al menos, de las educativas, con el fin de elaborar sus propios protocolos de uso en base a la normativa sobre protección de datos y la Ley europea sobre Inteligencia artificial.

Si se fija la atención en la revisión bibliográfica aportada la IA se comienza a integrar en todos los niveles educativos (a excepción del nivel educativo infantil) y en una diversidad de materias o asignaturas utilizando principalmente IAGen de texto, como ChatGPT tanto para la mejora de la productividad docente como para personalización del aprendizaje y el fomento de la creatividad o la potenciación del pensamiento crítico en los estudiantes. Las metodologías a emplear en el aula varían dependiendo del nivel educativo, pero se utilizan desde simulaciones interactivas, tecnologías semánticas o hasta para el aprendizaje en la educación musical. Pese a que la privacidad de los datos aparece en varios de los registros analizados, no es la norma. Sin embargo, en donde aparece, destaca la preocupación y la necesidad de proteger los derechos y los datos privados de los participantes manejándolos de forma ética. Donde ha demostrado eficiencia según los datos analizados es en la mejora de la motivación, la comprensión de conceptos o el fomento de la creatividad, pero se señalan limitaciones como la necesidad de verificación de la información arrojada por la IA y la importancia de la supervisión docente o los sesgos en la información que arroja.

Conclusiones colaterales inesperadas son las que tienen que ver con la metodología de la investigación. Aunque no es extrapolable por el tamaño de la muestra, es destacable la identificación, acotación y definición de la especificidad de la metodología de la investigación en niveles superiores, no así en niveles básicos, lo que puede indicar la falta de formación específica por parte de los profesores en dicha materia. Esto se podría relacionar con la CDD (Competencia Digital Docente) que exige, para alcanzar el nivel C2, de una participación y publicitación de resultados de las investigaciones realizadas. Los docentes de niveles no universitarios no disponen de formación específica en investigación que pueda auxiliar en la formalización de sus implantaciones de aula.

Con todo, en este estudio se ha encontrado un límite importante derivado de la búsqueda bibliográfica que tiene relación directa con el escaso volumen de resultados encontrados según los criterios seleccionados para la investigación. Con lo que, el tamaño es una pequeña muestra de las experiencias educativas registradas que se están llevando a cabo y pueden aportar indicios de qué herramientas de IA se utilizan en el aula en diversos países y niveles educativos, qué tratamiento de la protección de datos se realiza en ellas y qué metodologías son las utilizadas. Este límite, sin embargo, se puede subsanar con estudios a futuro, ampliables a otras bases de datos para analizar más experiencias, pruebas piloto o implantaciones de aula que traten el uso de la IA en educación. Cabe destacar que se ha encontrado abundante bibliografía sobre la interrelación de la IA con la educación en las bases de datos de estudio, cuya temática eran principalmente, estudios teóricos relacionados con la ética en el ámbito educativo.

REFERENCIAS BIBLIOGRÁFICAS

Baltussen, H. (2016). *The Peripatetics: Aristotle's Heirs 322 BCE–200 CE*, https://doi.org/10.4324/9781315719092

Bulman, G., & Fairlie, R. W. (2016). "Technology and Education: Computers, Software, and the Internet". *Handbook of the Economics of Education, 5,* 239–280. https://doi.org/10.1016/B978-0-444-63459-7.00005-1

Bustelo, J. L. (2024). "La intersección entre la inteligencia artificial (IA), el pensamiento complejo y la metodología de auditoría de sesgo". *Revista Iberoamericana de Complejidad y Ciencias Económicas, 2*(4), 5–16. https://doi.org/10.48168/ricce.v2n4p5

Campos-Rivera, G. (2024). "Credit scoring como tratamiento de datos personales a la luz del RGPD. análisis de su finalidad e influencia en los posibles usos secundarios de los datos". *Revista de Derecho UNED, 33,* 111–111.

Collado-Calvo, M. A. (2019). *El comercio de datos: el oro negro del siglo XXI.* https://dehesa.unex.es:8443/handle/10662/10758 Recuperado el 14 de mayo de 2025

Cordova, R. B. (2024). "Dinámicas de la violencia en una realidad disruptiva: la deshumanización acelerada por la IA. Claridades". *Revista de Filosofía, 16*(2), 17–46. https://doi.org/10.24310/CRF.16.2.2024.19629

Corona-Lisboa, J. L. (2018). "Investigación cualitativa: fundamentos epistemológicos, teóricos y metodológicos". *Vivat Academia. Revista de Comunicación, 69*–76. https://doi.org/10.15178/VA.2018.144.69-76

Easterday, M. W., Lewis, D. R., & Gerber, E. (2014, juny 23-27). Design-Based Research Process: Problems, Phases, and Applications. International Conference of the Learning Sciences. https://bpb-us-e1.wpmucdn.com/sites.northwestern.edu/dist/3/3481/files/2014/10/DesignResearch_Methodology_ICLS_2014.pdf

Falcon, A. (2012). *Aristotelianism in the First Century BCE: Xenarchus of Seleucia.* Cambridge University Press

Gallegos-Talavera, M. M., Gallegos-Talavera, T. Y., Nacimba-Gualotuña, S. J., Pilliza-Chicaiza, S. del P., & Andrade-Andrade, C. L. (2024). "Impacto de la tecnología en la educación". *GADE: Revista Científica, 4*(2), 19–36. https://doi.org/10.63549/rg.v4i2.416

García-Peñalvo, F. J., Llorens-Largo, F. , & Vidal, J. (2023). "La nueva realidad de la educación ante los avances de la inteligencia artificial generativa". *RIED-Revista Iberoamericana De Educación a Distancia, 27*(1), 9–39. https://doi.org/10.5944/ried.27.1.37716

Goel, H., & Chaudhary, G. (2024). "Securing the digital footprints of minors: privacy implications of AI". *Balkan Social Science Review, 23*(23), 235–260. https://doi.org/10.46763/BSSR242323235g

Iglesias-López, M., Tapia-Frade, A., & Velasco, C. M. R. (2023). "Patologías y dependencias que provocan las redes sociales en los jóvenes nativos digitales". *Revista de Comunicación y Salud, 13*, 1–22. https://doi.org/10.35669/RCYS.2023.13.E301

Jiang, Q., & Ma, L. (2024). "Swiping more, thinking less: Using TikTok hinders analytic thinking". *Cyberpsychology: Journal of Psychosocial Research on Cyberspace, 18*(3),Article 1. https://doi.org/10.5817/CP2024-3-1

Ley Orgánica 3/2018, de 5 de diciembre, de Protección de Datos Personales y garantía de los derechos digitales. Boletín Oficial del Estado, núm. 294, de 06 de diciembre de 2018, pp. 119788 a 119857.https://www.boe.es/buscar/pdf/2018/BOE-A-2018-16673-consolidado.pdf

López, N., & Sandoval, I. (2016). Métodos y técnicas de investigación cuantitativa y cualitativa. http://148.202.167.116:8080/xmlui/handle/123456789/176 Recuperado el 14 de mayo de 2025

López-Zafra, J. M., & Queralt-Sánchez de las Matas, R. A. (2019). *Alquimia. Cómo los datos se están transformando en oro.* Deusto.

Miao, F., & Holmes, W. (2024). Guía para el uso de IA generativa en educación e investigación–UNESCO Digital Library. https://unesdoc.unesco.org/ark:/48223/pf0000389227 Recuperado el 14 de mayo de 2025

Morales-Vásquez, E. E., Santana-Castro, E. K., & Mendoza-Vega, A. J. (2024). "Un crimen llamado educación digital: desafíos y dilemas en la era de la tecnología". *Estudios y Perspectivas Revista Científica y Académica, 4*(2), 1849–1862. https://doi.org/10.61384/R.C.A..V4I2.330

PricewaterhouseCoopers [PWC]. (2014). Trabajar en 2033. https://www.pwc.es/es/publicaciones/espana-2033/assets/trabajar-en-2033.pdf Recuperado el 14 de mayo de 2025

Przybylski, A. K., Murayama, K., Dehaan, C. R., & Gladwell, V. (2013). "Motivational, emotional, and behavioral correlates of fear of missing out". *Computers in Human Behavior, 29*(4), 1841–1848. https://doi.org/10.1016/J. CHB.2013.02.014

Reglamento (UE) 2016/ 679 DEL PARLAMENTO EUROPEO Y DEL CONSEJO–de 27 de abril de 2016, relativo a la protección de las personas físicas en lo que respecta al tratamiento de datos personales y a la libre circulación de estos datos y por el que se deroga la Directiva 95/ 46/ CE (Reglamento general de protección de datos). Diario Oficial de la Unión Europea, núm. 116, de 4 de mayo de 2016, pp.1 a 88. https://www.boe.es/doue/2016/119/L00001-00088.pdf

Regulation (EU) 2024/1689 of the European Parliament and of the council of 13 June 2024. Laying down harmonised rules on artificial intelligence and amending Regulations (EC) No 300/2008, (EU) No 167/2013, (EU) No 168/2013, (EU) 2018/858, (EU) 2018/1139 and (EU) 2019/2144 and Directives 2014/90/EU, (EU) 2016/797 and (EU) 2020/1828 (Artificial Intelligence Act). https://eur-lex.europa.eu/eli/reg/2024/1689/oj Recuperado el 14 de mayo de 2025

Resolución de 4 de mayo de 2022, de la Dirección General de Evaluación y Cooperación Territorial, por la que se publica el Acuerdo de la Conferencia Sectorial de Educación, sobre la actualización del marco de referencia de la competencia digital docente. Boletín Oficial del Estado, núm. 116, de 16 de mayo de 2022, pp. 67979 a 68026. https://www.boe.es/diario_boe/txt. php?id=BOE-A-2022-8042

Romero-Fierro, S. (2023). El desafío regulatorio de las nuevas tecnologías: análisis del uso de datos personales e inteligencia artificial en el contexto de campañas electorales. Una mirada nacional y comparada. https://doi. org/10.58011/ZCWQ-BM36 Recuperado el 14 de mayo de 2025

Samaniego, J. M. (2024). "Alfabetización digital crítica: genealogía, crítica fundacional y estado del arte". *Revista Colombiana de Educación, 91*, 403–425. https://doi.org/10.17227/rce.num91-17025

Smit, S., Manyika, J., & Woetzel, J. (2020). The future of work in Europe. https:// www.mckinsey.com/~/media/mckinsey/featured%20insights/future%20 of%20organizations/the%20future%20of%20work%20in%20europe/ mgi-the-future-of-work-in-europe-discussion-paper.pdf Recuperado el 14 de mayo de 2025

Capítulo 5
Riesgo percibido en la red por la sociedad española

Remedios Aguilar-Moya

Alexis Cloquell-Lozano

Carlos Martínez-Herrer

1. INTRODUCCIÓN

La rápida expansión e integración masiva de las tecnologías de la información y la comunicación a nivel mundial configura un hito en la historia de la humanidad que no está exenta de una marcada revolución laboral, académica, social y económica. Conforme a la Organización de las Naciones Unidas para la Educación, la Ciencia y la Cultura [UNESCO] (2017), Internet englobaría este conjunto de tecnologías de la información y comunicación que se encuentran interconectadas de forma amplia.

A nivel mundial, se estima que el 68% de la población usa Internet y en España cerca de una 96% siendo la comunicación el propósito por el cual los usuarios utilizan más Internet, si bien, no es el único. Estos datos sugieren una reflexión profunda pues, por un lado, es una herramienta utilizada desde edades muy tempranas donde aún no está adquirida la competencia digital y, además, existe un desconocimiento amplio en la población general sobre los riesgos que conlleva un mal uso de Internet. Frente a esta situación, no se puede obviar la irrupción de la inteligencia artificial como uno de los desafíos que promete enormes trasformaciones.

En este sentido, el presente estudio tiene como objetivo principal analizar los riesgos percibidos en la red por la sociedad española, centrando el foco de atención especialmente en el uso de la inteligencia artificial (IA). Para ello, en primer lugar, se ha llevado a cabo un análisis de la literatura especializada que recoge el estado actual sobre el uso de Internet, los riesgos y consecuencias derivadas de un uso inapropiado y las acciones político- administrativas emprendidas dirigidas a la regulación sobre el uso de Internet. Asimismo, en este estudio se da a conocer el marco legislativo que regula el uso de esta tecnología en la Unión Europea y España, con la finalidad de mostrar la protección jurídica de los ciudadanos en la red.

Por último, se muestran los resultados del Estudio del Centro de Investigaciones Sociológicas ([CIS], 2024) nº 3443 titulado "Inseguridad en la Red". Se trata de una encuesta de ámbito nacional, población residente en España de ambos sexos de 16 años y más, realizada entre el 13 y el 20 de febrero de 2024 y que presenta un tamaño muestral de 5.916 entrevistas (nivel de confianza del 95,5% y P=Q, error de muestreo es de +1,3%). En líneas generales, el presente estudio representa la situación sobre el estado del uso de Internet en la sociedad actual y, a modo de reflexión, plantea la necesidad de configurar adecuadamente la transformación digital hacia el desarrollo de intervenciones que promuevan un uso saludable de Internet, así como el fomento de prácticas seguras y sostenidas.

2. RED INTERNET: ESTADO DE LA CUESTIÓN Y EMERGENCIA DE LA IA COMO CAMBIO EMERGENTE

En la actualidad, se puede definir Internet como un catalizador interactivo que afecta notablemente en las relaciones humanas y su uso está asociado al fortalecimiento de las economías modernas y competitivas (Eurostat, 2024). Este uso se ha incrementado en los últimos años y se atribuye, entre diferentes factores a que contribuye al desarrollo de vías innovadoras de intercambio de información, ofrece servicios útiles para la comunicación, constituye una potente herramienta de aprendizaje para toda la sociedad (Mihajlov y Vejmelka, 2017) e incluso puede beneficiar en la calidad de vida de las personas a través de programas inteligentes de gestión de la salud (Xie et al., 2021), razones que justificarían el uso masivo a nivel mundial.

En línea con lo expuesto, los últimos datos ofrecidos por el Digital Report 2025 (We are Social Report, 2025) señalan que cerca de 5.600 millones de personas a nivel mundial usan Internet, con una representación del 68% respecto al 2024. Esto supone un aumento notable en 136 millones de usuarios durante el 2024. Por países, el ranking lo lideran Dinamarca, Países Bajos, Noruega, Arabia Saudita, Suiza y Emiratos Árabes Unidos, con un 99% a los que les siguen Irlanda (98,9%), Suecia (98,3%), Finlandia (98,2%), Reino Unido (97,8%), Malasia (97,7%) y Corea del Sur (97,4%). A nivel europeo el informe "Digital Economy and Society Statistics–Households and Individuals" (Eurostat, 2024) revela que un 94% de sujetos de entre 16 y 74 años utiliza Internet con un aumento constante desde 2019 cuyo porcentaje estaba situado en el 86%.

Buena parte de los hogares encuestados (94%) tiene acceso a Internet con las tasas más altas en Países Bajos y Luxemburgo con una conexión doméstica a Internet del 99%. Se aprecia un salto notable de conexión en Bulgaria (63%) y en Rumania (56%) lo cual refleja el esfuerzo en inversión digital dado por estos países que en 2014 ofrecía un porcentaje que se situaba por debajo del 60%. En líneas generales, los usuarios utilizan Internet para varios propósitos destacándose la comunicación, el acceso a la información, la participación cívica y política, la educación, el comercio electrónico y el gobierno electrónico. De este modo, el 80% lo utilizó para enviar o recibir correos electrónicos (80%), interactuar con autoridades públicas (70%), solicitar o comprar bienes en línea (72%), ver contenido de vídeo de servicios para compartir como YouTube o TikTok (62%), reservar cita con un médico (40%) o buscar información sanitaria en línea (58%).

En el contexto español, esta tendencia está confirmada por la Encuesta sobre Equipamiento y Uso de Tecnologías de la Información y Comunicación (TIC) en los Hogares (Instituto Nacional de Estadística [INE], 2024) donde se refleja que cerca del 96% de la población entre los

16 y 74 años, han utilizado Internet en los tres meses previos al pase de la encuesta, siendo significativo un mayor uso de las mujeres respecto a años anteriores. La actividad más realizada está relacionada con la comunicación, (95.3%), especialmente con el uso de la mensajería instantánea vía WhatsApp, Skype o Messenger, seguida del entretenimiento (89,8%), la información (87,3%), la salud (81%), la banca por Internet (75%) o las compras (55,5%).

Por lo que se refiere a la edad, conforme aumenta la edad, desciende el uso de Internet con un porcentaje situado en torno al 82% en el grupo de edad de 65 a 74 años. En cambio, en menores con edades entre los 10 y 15 años, este porcentaje se sitúa en un 96%, con un 95.8 % que usa el ordenador y un 69,6% el teléfono móvil. Los datos vislumbran un uso irrefutable de Internet con un incremento constatado de internautas que se prevé que aumente pues la mayoría percibe los beneficios de Internet, tanto presentes como futuros, al considerar que permitirá acceder con facilidad a contenidos y aprendizajes novedosos y contribuirá a mejorar la comunicación interpersonal (Observatorio Nacional de Tecnología y Sociedad, 2022). Además, este uso viene fortalecido por una mayor conectividad fruto de una combinación de políticas públicas estratégicas en los últimos años y de inversiones significativas que han logrado que España se encuentre en una posición privilegiada en Europa (Organización para la Cooperación y el Desarrollo Económico [OCDE], 2024).

No obstante y pese al beneficio que Internet aporta a la sociedad, sigue existiendo una brecha digital que se atribuye a factores diversos como la falta de infraestructura en particular en las zonas rurales o la carencia de habilidades y conocimientos básicos que resultan imprescindibles para un uso de Internet y la consecución de los objetivos marcados en la Agenda 2030 asociados con la igualdad de género, el crecimiento económico sostenible, la educación de calidad inclusiva y equitativa, y la construcción de infraestructuras resilientes, industrialización e innovación (Comisión Europea, 2024; INE, 2024).

Asimismo, Internet lleva aparejado una serie de riesgos que se vinculan con la vulnerabilidad del usuario, a veces no percibida, al estar expuesto a una diversidad amplia de información (comercio electrónico, exposición de datos, vuelco de datos personales, entretenimiento...) con un alto potencial para afectar en la calidad de vida de los usuarios (Qian et al., 2022). Estos riesgos son percibidos entre la población española y se reflejan en el Informe "Beneficios y riesgos del uso de Internet y las redes sociales" elaborado por el Observatorio Nacional de Tecnología y Sociedad ([ONTSI], 2022) del Ministerio de Asuntos Económicos y Transformación Digital (ONTSI,2022) y que resulta novedoso al evidenciarse una escasa literatura científica sobre el estudio sobre la percepción de riesgo en Internet con instrumentos validados que midan esta conciencia en la población española (Torres et al., 2022).

De acuerdo con este informe, casi la totalidad de la población usuaria admite que Internet tiene y tendrá riesgos en el futuro percibiendo como riesgos más probables: las adicciones, la pérdida de habilidades sociales y un impacto negativo en la salud mental de la población.

Por lo que se refiere a las adicciones, los españoles consideran que en la cohorte de edad de entre 16 y 25 años existe un mayor riesgo de desarrollar algún tipo de adicción con una percepción del 45.3% de internautas que señala que el grupo más afectado serían los menores de 16 años. Esta percepción de riesgo puede verse asociada a la precocidad manifiesta en el uso de Internet en menores con edades entre los 10 y 15 años (un 95.8 % que usa el ordenador y un 69,6% el teléfono móvil). Es destacable el riesgo percibido respecto al impacto negativo en la salud mental de la población con un 86% que cree que existe el riesgo de que aumenten los trastornos por depresión y ansiedad, algo que no pasa desapercibido entre la comunidad científica, viéndose reflejada una creciente literatura científica centrada en el uso de internet y la salud psicológica donde se cuestiona qué hacer para mitigar los peligros potenciales asociados a un uso indebido (Liao y Luo, 2024).

La exposición a las redes sociales y su uso indebido, así como el tiempo y frecuencia asociado, se perciben como otros riesgos específicos para un 47.5% de la población situándose el acoso cibernético como riesgo principal y que, en personas menores de 16 años, es particularmente potencial debido a la exposición masiva en la red de esta población. Estos datos plantean un escenario preocupante que está siendo objeto de estudio por la afectación en el desarrollo físico, psíquico y social de los menores y, la probabilidad mayor de estar expuestos a situaciones de riesgo que afecten sobre su privacidad o salud mental con prácticas comprometidas y asociadas al ciberacoso, hiperconectividad, ciberacoso, el *sexting* o *grooming*, conductas adictivas o la incitación al odio en línea (Torres et al., 2022; Theopilus et al.,2024; Agencia Española de Protección de Datos [AEPD], 2024; Megías, 2024).

En base a lo expuesto, no se puede obviar el auge de la inteligencia artificial en los últimos años representando una de las revoluciones más sustanciales al tener la capacidad de abordar desafíos de gran magnitud en el mundo e impulsar considerables trasformaciones (Ministerio para la Transformación Digital y de la Función Pública, 2024). Esta innovación tecnológica ha captado la atención a nivel mundial y la necesidad de estudiar los riesgos percibidos asociados (Krieger et al., 2024) que en España quedan reflejados en el informe "Percepción Social de la Inteligencia Artificial en España" (Fundación Española para la Ciencia y la Tecnología [FECYT], 2024) en base al cual, la ciudadanía no presenta un nivel de familiaridad elevado con el término siendo la mayoría de participantes del estudio quienes indican estar algo familiarizados.

Respecto a la utilidad de la Inteligencia Artificial, se considera que mejora la productividad, facilita la resolución de problemas complejos y permite la toma de decisiones de forma rápida y efectiva, por lo que, parece relacionarse con una baja percepción de riesgo respecto al uso de la Inteligencia Artificial. En términos de la percepción de beneficios y riesgos, buena parte manifiesta que ofrece más beneficios que riesgos por lo que se entrevé una actitud positiva por parte de la población española con niveles de confianza buenos respecto a la calidad de la información recibida. Por último, se percibe la preocupación de la ciudadanía por el control de la regulación de los derechos en el ámbito de la Inteligencia Artificial y la promoción de un desarrollo ético y responsable en pro de la sociedad.

Para responder a este desafío, así como a la necesidad de impulsar medidas respecto el buen uso de Internet y redes sociales, desde el año 2020 se lleva en marcha la Agenda España Digital 2026 (Ministerio para la Transformación Digital y de la Función Pública, s. f.) que, alineada con las políticas digitales marcadas por la Comisión Europea, engloba medidas, reformas e inversiones que garanticen los valores constitucionales y respeten los derechos fundamentales. La Agenda Digital 2026 responde a doce ejes estratégicos, diez de los cuales actúan en una triple dimensión:

- Infraestructuras y tecnología: contribuyendo a la conectividad el 5G, la ciberseguridad, la inteligencia artificial y otras tecnologías disruptivas.

- Economía: promoviendo la digitalización de pymes y Administraciones públicas, el emprendimiento digital, la integración de la tecnología en las cadenas de valor de la industria y los servicios y el sector audiovisual

- Personas: fortaleciendo la adquisición de las competencias digitales para garantizar el acceso a las profesiones del futuro y la inclusión digital de toda la población, y asegurando la protección de los derechos de las personas en el entorno digital.

Los dos ejes restantes son transversales dirigidos a fortalecer proyectos estratégicos de gran impacto en colaboración público-privada y crear sinergias en la cogobernanza del Estado y las Comunidades Autónomas.

El desarrollo de esta propuesta administrativa, además de una responsabilidad pública que le acompañe, debe estar avalada por una necesaria regulación sobre el uso de Internet y las redes sociales, así como sobre el uso de la Inteligencia Artificial y los principios éticos que debe incluir.

3. MARCO LEGISLATIVO VIGENTE EN ESPAÑA DE LOS RIESGOS EN INTERNET E INTELIGENCIA ARTIFICIAL

En España, como en muchos otros países, el uso de Internet y la Inteligencia Artificial (IA) plantea una serie de riesgos jurídicos que deben ser atendidos con especial cuidado, tanto a nivel de usuarios como de empresas y administraciones públicas. A continuación, se describen algunos de los principales riesgos jurídicos relacionados con Internet y la IA en el contexto español, con el marco normativo aplicable, comenzando por los riesgos generales que describe el Reglamento UE sobre Inteligencia Artificial, y siguiendo por riesgos específicos que Internet, y también la IA, son abordados por la legislación española.

3.1. Regulación de la IA

En España, y en el resto de la Unión Europea, es directamente aplicable el Reglamento (UE) 2024/1689 del Parlamento Europeo y del Consejo, de 13 de junio de 2024, por el que se establecen normas armonizadas en materia de inteligencia artificial y por el que se modifican los Reglamentos (CE) nº 300/2008, (UE) nº 167/2013, (UE) nº 168/2013, (UE) 2018/858, (UE) 2018/1139 y (UE) 2019/2144 y las Directivas 2014/90/UE, (UE) 2016/797 y (UE) 2020/1828 (Reglamento de Inteligencia Artificial). En cuanto a la prevención de los riesgos, las Aplicaciones de IA de Alto Riesgo, registradas obligatoriamente en una base de datos pública gestionada por las autoridades nacionales, deben realizar evaluaciones periódicas de conformidad (pruebas y evaluaciones para demostrar que su sistema de IA cumple con las normativas de seguridad y protección de derechos), y deben ser transparentes, con una documentación clara sobre cómo se desarrollaron y operan. Esto incluye la explicabilidad de las decisiones tomadas por los algoritmos, especialmente si afectan a personas en áreas sensibles (por ejemplo, en decisiones judiciales o financieras).

Cada país miembro de la U.E. establece una autoridad nacional responsable de la supervisión de la IA. En el caso español es la Agencia

Española de Supervisión de la Inteligencia Artificial (AESIA), especialmente vigilante en que haya supervisión humana en el proceso de toma de decisiones de los desarrolladores de IA, y que los operadores humanos puedan intervenir y corregir errores.

3.2. Responsabilidad por daños causados por IA

En el caso de que un sistema de IA cause daños a personas o bienes, surge la pregunta de quién es responsable. En España, la legislación tradicional sobre responsabilidad civil podría no ser suficiente para abordar los daños causados por algoritmos, especialmente cuando no se puede identificar fácilmente al responsable. La responsabilidad civil extracontractual en España se refiere a las obligaciones que generan responsabilidad entre dos personas, físicas o jurídicas, que no se encuentran previamente unidas por un vínculo contractual, como es el caso de la IA. Esta responsabilidad se produce como consecuencia de actos u omisiones no penados por la ley, imputables a la empresa propietaria del sistema de IA, a título de culpa o negligencia, que producen daños en los derechos personales o patrimoniales de la persona usuaria de la IA, y que se traducen en el deber de indemnizar los mismos. La definición de responsabilidad extracontractual está regulada en el artículo 1902 del Código Civil, y no deja de ser difusa entre desarrolladores, proveedores de IA y usuarios.

3.3. Discriminación algorítmica y sesgos en IA

La IA puede perpetuar o incluso agravar sesgos sociales preexistentes si se entrena con datos sesgados. Esto puede tener implicaciones legales graves, como la discriminación indirecta por raza, género, orientación sexual, etc. en áreas clave como el empleo, los préstamos o la justicia.

El Reglamento de IA define cuatro niveles de riesgo para los sistemas de IA (inaceptable, alto, limitado y mínimo), y deja a las agencias nacionales de los países de la Unión Europea la vigilancia, control y posibles sanciones a las empresas por sus prácticas de riesgo. En el caso español, la protección de los datos personales está encomendada a la Agencia Española de Protección de Datos (A.E.P.D.), y la supervisión de la implementación de la normativa sobre IA está encomendada a la Agencia Española de Supervisión de la Inteligencia Artificial (A.E.S.I.A.).

3.4. Protección de Datos Personales (LOPD)

La Ley Orgánica 3/2018, de 5 de diciembre, de Protección de Datos Personales y garantía de los derechos digitales (LOPD), en España, y el Reglamento General de Protección de Datos (RGPD) de la Unión Europea, Reglamento (UE) 2016/679 del Parlamento Europeo y del Consejo, de 27 de abril de 2016, el cual es de aplicación directa en España, son las normas más relevantes en la materia. Ambas normas establecen reglas estrictas sobre cómo se deben tratar los datos personales. La IA, en particular, cuyos sistemas requieren grandes volúmenes de datos para entrenarse y operar, plantea riesgos en la anonimización de datos, uso indebido de los mismos, vulneración del principio de libertad y control sobre la propia información por parte de los usuarios, falta de transparencia sobre cómo se procesan los datos y dificultades en la obtención del consentimiento informado para el uso de datos personales.

3.5. Propiedad intelectual

El uso de IA para generar contenido, como música, imágenes o textos, plantea cuestiones legales sobre quién posee los derechos de propiedad intelectual de las creaciones resultantes y las posibles infracciones de derechos de autor si se utilizan sin permiso datos o contenido protegido. En España, el marco legal en cuanto a derechos de autor y propiedad intelectual aún está evolucionando para adaptarse a la IA, pues la normativa de referencia aun no la incluye expresamente. El texto refundido de la Ley de Propiedad Intelectual, aprobado por el Real Decreto Legislativo 1/1996, con numerosas modificaciones que asumen Directivas de la U.E., es el documento principal que consolida y organiza toda la normativa en materia de propiedad intelectual en España, y protege las creaciones originales literarias, artísticas o científicas expresadas en cualquier medio, tales como libros, escritos, composiciones musicales, obras dramáticas, coreografías, obras audiovisuales, esculturas, obras pictóricas, planos, maquetas, mapas, fotografías, programas de ordenador y bases de datos. También protege las interpretaciones artísticas, los fonogramas, las grabaciones audiovisuales y las emisiones de radiodifusión.

3.6. Ciberseguridad y ataques informáticos

La IA también puede ser utilizada en ciberataques, como en el caso de *malware* inteligente o la manipulación de sistemas automatizados. Además, las vulnerabilidades en los sistemas de IA pueden ser explotadas por ciberdelincuentes. En España, se consideran delitos informáticos todas las infracciones penales utilizando medios o instrumentos informáticos, o bien en el espacio digital o Internet, y la norma de referencia es el Código Penal (CP), Ley Orgánica 10/1995, de 23 de noviembre. Con el ritmo acelerado de los avances tecnológicos, los delitos informáticos están en constante aumento, abarcando una amplia gama de conductas ilegales que se realizan a través de medios telemáticos o digitales, sin que sea posible establecer una lista definida de delitos: estafas informáticas (prácticas como el *phishing*, que consiste en robar información personal y bancaria a través de enlaces fraudulentos enviados por Internet, o el *carding*, que implica la copia de datos de tarjetas bancarias); delitos informáticos de daños, cuyo objetivo es perjudicar equipos ajenos mediante sabotajes informáticos; *phreaking* o fraude en telecomunicaciones, y los ciberdelitos contra la intimidad serían los más relevantes.

3.7. Desinformación y manipulación de la opinión pública

La IA también se está utilizando para crear contenido manipulado, como noticias falsas, imágenes *deepfake* o para influir en decisiones políticas y electorales. La normativa de referencia es nuevamente el Código Penal (CP). No todos los bulos o *fake news* son iguales; su relevancia penal dependerá del contenido y de la intención con la que se difundan. En este sentido, diversas conductas pueden ser constitutivas de delito según el Código Penal español.

A) Delitos de odio (art. 510 CP)

Los bulos que promuevan el odio o discriminen a colectivos específicos pueden encuadrarse en el delito de odio, castigado con pena de prisión de 6 meses a 4 y multa. Un ejemplo reciente es la publicación en redes sociales de mensajes que atribuyen de forma falsa delitos a colectivos vulnerables, como los Menores Extranjeros No Acompañados (MENAS).

B) Descubrimiento y revelación de secretos (art. 197 CP)

Si la desinformación incluye la divulgación de datos personales auténticos sin el consentimiento del afectado podría, además, constituir un delito de descubrimiento y revelación de secretos. Este delito se castiga con penas de 2 a 5 años de prisión, especialmente a tratarse de una conducta agravada la difusión masiva a través de internet.

C) Delito contra la integridad moral (art. 173.1 CP)

En casos extremos, donde las noticias falsas causen un daño grave a la dignidad de una persona, pueden ser constitutivas de un delito contra la integridad moral. Este tipo penal se aplica cuando se pretende humillar o menospreciar a una persona, con penas de prisión de 6 meses a 2 años.

D) Desórdenes públicos (arts. 561 y 562 CP)

La difusión de bulos o *fake news* que genere alarma social, por ejemplo, falsos informes sobre ataques terroristas o catástrofes que puedan conllevar delitos de desórdenes públicos. Estas conductas se castigan con penas de prisión de 3 meses y 1 día a 1 año y multa.

E) Injurias y calumnias (arts. 206 y 209 CP)

Cuando los bulos afectan la reputación de una persona, insultándola gravemente o atribuyéndole falsamente la comisión de un delito, se puede incurrir en los delitos de injurias o calumnias. Las injurias con publicidad (en Internet o redes sociales) conllevan multas de 6 a 14 meses, mientras que las calumnias con publicidad pueden castigarse con penas de prisión de 6 meses a 2 años o multas de 12 a 24 meses.

F) Delitos contra la salud pública y estafas (arts. 248 y 359 CP)

Durante la pandemia de COVID-19, proliferaron bulos sobre métodos curativos sin base científica o claramente ineficaces. En estos casos, podría considerarse un delito contra la salud pública o, si está vinculado a un negocio y beneficio, con penas de prisión de 6 meses a 3 años, e incluso podría constituir un delito de estafa. Esta conducta podría constituir también el delito de intrusismo del art. 403 CP, más grave, además, si la actividad profesional desarrollada exigiere un título oficial que acredite la capacitación necesaria y habilite legalmente para su ejercicio, y no se estuviere en posesión de dicho título.

G) Delitos contra el mercado y los consumidores (art. 282 CP)

Las noticias falsas que afecten a la confianza en los mercados financieros o engañen a los consumidores sobre las características de productos pueden ser constitutivas de delitos contra el mercado y los consumidores, castigado con penas de prisión de 6 meses a 2 años o multa de 12 a 24 meses. La ley castiga a quienes difundan rumores o información engañosa para manipular precios o tomar ventaja económica.

4. PREOCUPACIÓN POR LA INSEGURIDAD EN LA RED

En este apartado se remite, como se ha señalado en la introducción del presente trabajo, a los resultados del Estudio del CIS nº 3443 "Inseguridad en la Red". En esta línea, nos hemos centrado en analizar las variables que hacen referencia a: uso de internet, frecuencia de uso, grado de preocupación sobre los riesgos asociados con el uso de Internet, riesgos asociados al uso de Internet que generan inquietud, afectación por estafa o intento de estafa por Internet en los últimos 12 meses, situaciones sufridas en la red, conocimientos sobre la IA, riesgos en el uso de la IA, grado de gravedad percibido acerca de los riesgos de la IA y grado de preocupación sobre los riegos percibidos sobre la IA. Asimismo, se ha tomado como variable independiente la edad (en intervalos) para comparar los resultados.

En este sentido, podemos observar que el 89,2% de la muestra utiliza Internet y lo hace prácticamente de manera diaria. Es cierto que a medida aumenta la edad del encuestado disminuye su uso, siendo los jóvenes entre 16 y 24 años los que más utilizan Internet. Sin embargo, cuando analizamos la frecuencia de uso, observamos que es este colectivo junto al grupo de edad comprendida entre los 25 y 44 años los que más lo emplean de manera diaria (95,4% y 95,5% respectivamente). Por otro lado, si analizamos el grado de preocupación sobre los riesgos asociados con el uso de Internet, observamos que sobre una escala que oscila entre 0 (nada preocupado/a) y 10 (muy preocupado/a), la muestra analizada presenta una media de 6,77 lo que significa un grado de preocupación medio-alto. Si comparamos estos datos según la edad del encuestado (Tabla 1), observamos que esta preocupación es más baja en los jóvenes y que a medida aumenta la edad aumenta el grado de preocupación[3].

---

3.   Ello viene contrastado con la Prueba Kruskal Wallis (p-valor= 0,00)

Tabla 1. Grado de preocupación sobre los riesgos asociados con el uso de Internet (0-10) según la edad (en intervalos)

Edad intervalos	Media	N	Desv. Desviación
De 16 a 24 años	6,03	630	6,327
De 25 a 44 años	6,28	1818	2,605
De 45 a 64 años	7,11	1967	5,306
Más de 64 años	7,54	865	10,547
Total	6,77	5279	6,007

Nota: Elaboración propia

Del mismo modo, si profundizamos en los riesgos asociados al uso de Internet que generan inquietud en la población española, observamos que el acceso no autorizado a información personal constituye la principal inquietud (86,5%), seguido de los delitos sexuales (86%) y el robo de la identidad (85,2%) (Gráfico 1).

Gráfico 1. Riesgos asociados al uso de Internet que generan inquietud en la población española

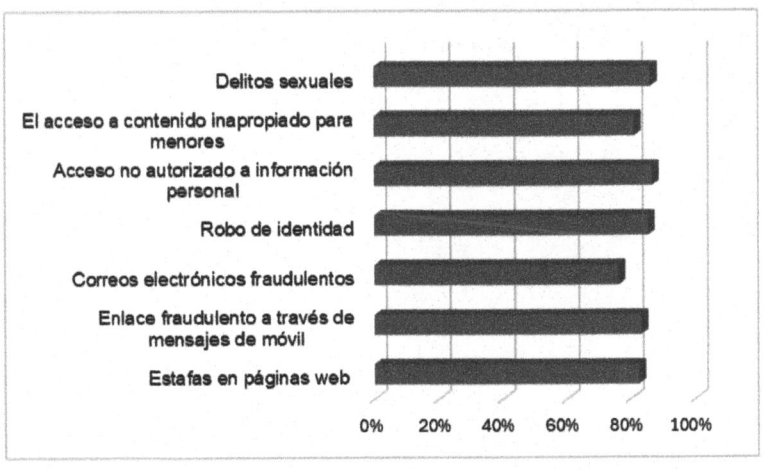

Nota: Elaboración propia

No obstante, si comparamos estos datos según la edad del encuestado, estos resultados son muy dispares. Por un lado, observamos que, entre los jóvenes de 16 a 24 años, los delitos sexuales es lo que más les preocupa (92,5%), mientras que a la población de entre 25 y 44 años, el acceso no autorizado a información personal (89,4%). Asimismo, a la población de entre 45 y 64 años, le preocupa principalmente el robo de identidad (89,9%) y a la población mayor de 64 años los enlaces fraudulentos a través de mensajes de móvil (84,4%).

Por otro lado, resulta interesante observar el dato de que el 53,1% de la muestra ha sufrido alguna estafa o intento de estafa por Internet en los últimos 12 meses. En este sentido, son las personas de entre 25 y 44 años (60,1%) los más afectados y los de más de 64 años, los que menos (37,6%)[4]. Ello también es debido, como hemos visto anteriormente a una mayor frecuencia diaria del uso de Internet en la población de 16 a 44 años.

De entre las situaciones de riesgo percibidas que han sufrido los sujetos, como puede observarse en el gráfico 2, el 84,2% afirma que ha recibido correos electrónicos o mensajes de móvil sospechosos solicitándose información personal o financiera (claves/contraseñas), seguido de haber recibido mensajes falsos o intentos de estafa a través de WhatsApp (63,5%) y haber sido víctima de algún intento de timo o estafa en plataformas de compras online (36,7%).

---

4.   Ello viene contrastado con la Prueba Chi-Cuadrado de Pearson (p-valor= 0,00)

Gráfico 2. Situación sufrida en Internet

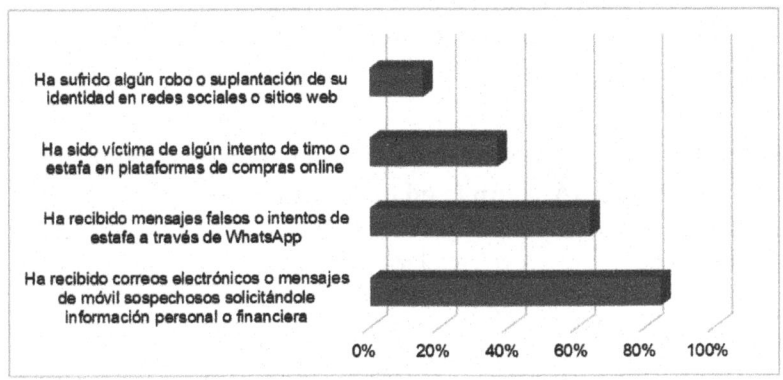

Nota: elaboración propia

Si analizamos la variable situación sufrida según la edad del encuestado, observamos que esta situación varía en función de la edad, ya que, por ejemplo, las personas con una edad comprendida entre los 25 y 44 años son los que más han sufrido situaciones relacionadas con haber recibido correo electrónicos o mensajes de móvil sospechosos solicitándoles información personal o financiera (89,8%) y haber recibido mensajes falsos o intentos de estafa a través del WhatsApp (64,6%). Mientras que el grupo de las personas más jóvenes, entre 16 y 24 años, representa el colectivo que más ha sufrido el robo o suplantación de su identidad en redes sociales o sitios web (19,9%).

Por último, respecto al tema sobre el conocimiento, uso y riesgos de la IA, observamos que el 9,6% de la muestra no ha oído hablar acerca de la IA, siendo en su mayoría la población de mayor edad (más de 64 años) la que afirma no haber oído hablar de este concepto (16,6%). Del mismo modo, si analizamos las respuestas a la pregunta ¿cree Ud. que existen riesgos en el uso de la IA?, el 89,1% de la muestra señala que sí existen riesgos, el 5,6% afirma que no existen, mientras que el 5% apunta desconocer (no sabe). En esta línea resulta interesante observar en la tabla 2 cómo se perciben los riesgos asociados al uso de la IA según la edad del encuestado. En ella podemos ver que son las personas de edades comprendidas entre 45 y 64 años son los que conciben que existe un mayor riesgo en el uso de esta tecnología, siendo el colectivo más joven (entre 16 y 24 años) el que apunta que existe un menor riesgo (12,4%)[5].

Tabla 2. Percepción respecto a la existencia de riesgos en el uso de la IA según la edad (en porcentaje)

Edad intervalos	Sí	No	No sabe	No contesta
De 16 a 24 años	86,7	12,4	0,8	0
De 25 a 44 años	89,8	6,6	3,2	0,5
De 45 a 64 años	91,8	3,8	4,2	0,3
Más de 64 años	84,6	3,4	11,2	0,7
Total	89,1	5,6	5	0,4

Nota: Elaboración propia

Si profundizamos en la consideración respecto al grado de gravedad de estos riesgos en la población, la mayoría afirma que estos pueden ser muy graves (49,4%) y bastantes graves (38,4%). Por otro lado, el 8,7% de la muestra afirma la opción de poco o nada graves. Asimismo, respecto al tipo de riesgos percibidos y grado de preocupación, como puede observarse en la tabla 3, el hecho de que llegue un momento en el cual no se pueda distinguir si es real lo que se visualiza en Internet, constituye la principal preocupación para los encuestados (64,3% mucho y 29,4% bastante), muy seguido del hecho de que se manipulen imágenes para crear contenido falso (61,9% mucho y 31,2% bastante). Mientras que la desaparición de ciertas profesiones consecuencia del uso de la IA supone la menor preocupación de las tres mencionadas.

5.   Ello viene contrastado con la Prueba Chi-Cuadrado de Pearson (p-valor= 0,00)

Tabla 3. Grado de preocupación respecto a la existencia de riesgos en el uso de la IA según la edad (en porcentaje)

	Mucho	Bastante	Regular	Poco	Nada
Que se manipulen imágenes para crear contenido falso (vídeos, fotografías,...)	61,9	31,2	0,2	5,3	1,2
Que llegue un momento que no podamos distinguir si lo que vemos en Internet es real o no	64,3	29,4	0,2	4,5	1,5
El riesgo de desaparición de ciertas profesiones debido al uso de la IA	46,3	32,3	0,5	16,5	3,7

Nota: Elaboración propia

Respecto a ello, si comparamos estos datos según la edad del encuestado y analizamos el grado de preocupación de los riesgos asociados a la IA como una variable continua, la cual nos permite obtener medidas de tendencia central y teniendo presente que 1 significa mucho y 5 nada en la escala Likert, observamos que el grupo comprendido entre los 16 y 24 años constituye el grupo que presenta un grado de preocupación más bajo respecto a los riesgos asociados (Tabla 4).

Tabla 4. Grado de preocupación respecto riesgos asociados al uso de la IA según la edad

	De 16 a 24 años	De 25 a 44 años	De 45 a 64 años	Más de 64 años
Que se manipulen imágenes para crear contenido falso (vídeos, fotografías,...)	1,67	1,54	1,51	1,44
Que llegue un momento que no podamos distinguir si lo que vemos en Internet es real o no	1,69	1,49	1,44	1,48

El riesgo de desaparición de ciertas profesiones debido al uso de la IA	2,11	2,07	1,98	1,79

Nota: Elaboración propia

Sin embargo, observamos que el grupo mayor de 64 años, es el colectivo de población que más le preocupa los riesgos vinculados al uso de la IA, a excepción del riesgo asociado al hecho de no poder distinguir si lo que vemos en Internet es real o no, cuyo grado de preocupación es más alto en las personas de 45 a 64 años. En resumen, los datos presentados muestran a nivel general un uso de Internet que lleva aparejados unos riesgos derivados de la preocupación por la inseguridad en la red y que desvelan una inquietud significativa en población adulta y una baja percepción de riesgo entre la población más joven.

5. CONCLUSIONES

Es incuestionable que Internet supone una herramienta de comunicación vertiginosa cuyo uso se ha incrementado en los últimos años derivado de las múltiples utilidades, servicios y aplicaciones que ofrece.

Los datos ofrecidos muestran como buena parte de la población usa Internet prácticamente de manera diaria. Este uso disminuye a medida que aumenta la edad siendo los jóvenes, especialmente, entre 16 y 24 años los que más utilizan Internet. A este aspecto hay que sumarle la aparición de la Inteligencia Artificial contemplada como una revolución trascendental que supone un complejo desafío tanto por su rápido crecimiento, como por el impacto que tiene sobre la población en la esfera económica, tecnológica, académica o de las relaciones sociales.

Este escenario, plantea retos diversos por los riesgos asociados y que se vinculan con la exposición a información amplia y no controlada con una repercusión notable que puede afectar sobre la calidad de vida de los usuarios, especialmente, sobre población más joven donde se constata una baja percepción respecto a los riesgos vinculados con el uso de Internet. Esta innovación tecnológica sin precedentes ha captado la atención de la población a nivel mundial sobre los riesgos que conlleva Internet y la Inteligencia Artificial (IA), los cuales deben ser atendidos con especial cuidado, tanto a nivel de usuarios como de empresas y administraciones públicas en el ámbito nacional, europeo e internacional, razón por la cual se han adoptado medidas que velan por el uso seguro de la Red.

Los hallazgos también sugieren la necesidad de desarrollar en paralelo intervenciones que promuevan la adquisición de la competencia digital como pilar esencial en pro del desarrollo humano. En este cometido el sistema educativo se convierte en un entorno idóneo de probada eficacia para el fomento de la competencia digital con una marcada repercusión sobre el alumnado, profesorado y familia. En definitiva, el trabajo sobre el uso seguro de Internet y, por ende, de la Inteligencia Artificial es un compromiso mundial y una necesidad imperante e irrefutable. Es una oportunidad que invita a la reflexión profunda y conjunta sobre la adopción idónea y sostenida de acciones múltiples que promuevan un uso saludable de Internet, aprovechando las ventajas que brinda, sin comprometer la calidad y el bienestar de las personas.

6. REFERENCIAS BIBLIOGRÁFICAS

Agencia Española de Protección de Datos [AEPD] (2024). Patrones adictivos en el tratamiento de datos personales. https://www.aepd.es/guias/patrones-adictivos-en-tratamiento-de-datos-personales.pdf

Centro de Investigaciones Sociológicas [CIS] (2024). Estudio nº 3443: Inseguridad en la Red. https://www.cis.es/es/detalle-ficha-estudio?origen=estudio&codEstudio=3443

Comisión Europea (2024). State of the Digital Decade 2024. https://digital-strategy.ec.europa.eu/es/library/report-state-digital-decade-2024

Eurostat. (2024). Digital economy and society statistics–households and individuals.https://ec.europa.eu/eurostat/statistics-explained/SEPDF/cache/33472.pdf

Fundación Española para la Ciencia y la Tecnología [FECYT] (2024). Las representaciones sociales de la Inteligencia Artificial en España. https://doi.org/10.58121/gt36-b770

Instituto Nacional de Estadística [INE] (2024). Informe de TICH 2024. https://www.ine.es/dyngs/Prensa/TICH2024.htm

Krieger, J. B., Bouder, F., Wibral, M., y Almeida, R. J. (2024). A systematic literature review on risk perception of Artificial Narrow Intelligence. Journal of Risk Research, 1-19. https://doi.org/10.1080/13669877.2024.2350725

Liao, Y., y Luo, N. (2024). Does internet use benefit health?—PSM-DID evidence from China's CHARLS. PLoS ONE, 19(7), e0306393. https://doi.org/10.1371/journal.pone.0306393

Megías, I. (2024). Desde el lado oscuro de los hábitos tecnológicos: Riesgos asociados a los usos juveniles de las TIC. Centro Reina Sofía, Fundación Fad Juventud. https://doi.org/10.5281/zenodo.10580052

Mihajlov, M., y Vejmelka, L. (2017). Internet addiction: A review of the first twenty years. Psychiatria Danubina, 29(3), 260-272. https://doi.org/10.24869/psyd.2017.260

Ministerio para la Transformación Digital y de la Función Pública (s. f.). Agenda España Digital 2026. https://avance.digital.gob.es/es-es/espana_digital/EspanaDigital_2026.pdf

Observatorio Nacional de Tecnología y Sociedad [ONTSI] (2022). Beneficios y riesgos del uso de Internet y las redes sociales. https://www.ontsi.es/sites/ontsi/files/2022-03/beneficios_riesgos_uso_internet_redessociales_2022.pdf

Organización de las Naciones Unidas para la Educación, la Ciencia y la Cultura [UNESCO] (2017). Las piedras angulares para la promoción de sociedades del conocimiento inclusivas: Acceso a la información y al conocimiento, libertad de expresión, privacidad y ética en la Internet global. https://unesdoc.unesco.org/ark:/48223/pf0000247743

Organización para la Cooperación y el Desarrollo Económico [OCDE] (2024). OECD Digital Economy Outlook 2024 (Volume 1): Embracing the Technology Frontier. https://doi.org/10.1787/a1689dc5-en

Qian, B., Huang, M., Xu, M., y Hong, Y. (2022). Internet use and quality of life: The multiple mediating effects of risk perception and internet addiction. International Journal of Environmental Research and Public Health, 19(4), 1795. https://doi.org/10.3390/ijerph19041795

Theopilus, Y., Al Mahmud, A., Davis, H., y Octavia, J. R. (2024). Digital interventions for combating internet addiction in young children: Qualitative study of parent and therapist perspectives. JMIR Pediatrics and Parenting, 7, e55364. https://doi.org/10.2196/55364

Torres-Hernández, N., García-Martínez, I., y Gallego-Arrufat, M.-J. (2022). Internet risk perception: Development and validation of a scale for adults. European Journal of Investigative Health Psychology and Education, 12, 1581–1593. https://doi.org/10.3390/ejihpe12110111

We Are Social (2025). Digital 2025: The essential guide to the global state of digital. https://wearesocial.com/uk/blog/2025/02/digital-2025-the-essential-guide-to-the-global-state-of-digital/

Xie, Z., Yadav, S., y Jo, A. (2021). The association between electronic wearable devices and self-efficacy for managing health: A cross-sectional study using 2019 HINTS data. Health and Technology, 11, 331–339. https://doi.org/10.1007/s12553-021-00525-x

Capítulo 6

Cine e inteligencia artificial: diferencias entre Europa e Iberoamérica. Fundamentos éticos y culturales

Vicente Gomar Escrivá

Ignacio Ballester Esteve

1. INTRODUCCIÓN

El rápido desarrollo de la inteligencia artificial (IA) en las últimas décadas ha transformado profundamente los referentes culturales y sociales contemporáneos. En este contexto, el cine se ha consolidado como un medio privilegiado para explorar, cuestionar y proyectar las implicaciones éticas, filosóficas y emocionales que surgen del vínculo entre humanidad y tecnología. A través de sus narrativas visuales, el séptimo arte no solo refleja los avances científicos, sino que también indaga en sus consecuencias a largo plazo, en especial aquellas relacionadas con la autonomía de las máquinas, la conciencia artificial y la redefinición del ser humano.

Tradicionalmente, la representación cinematográfica de la IA ha estado dominada por la industria estadounidense, con títulos icónicocomo mo *2001: A Space Odyssey* (1968), *Blade Runner* (1982) o *Her* (2013). Sin embargo, tanto Europa como Iberoamérica han comenzado a consolidar discursos propios que merecen una atención crítica. Mientras que el cine europeo tiende a abordar la IA desde una perspectiva filosófica, introspectiva y estética, las producciones iberoamericanas —aunque menos frecuentes— suelen insertar estas tecnologías en contextos sociales específicos, abordando cuestiones ligadas a la identidad, la desigualdad y la transformación del sujeto en escenarios postcoloniales.

Este artículo tiene como objetivo analizar las diferencias en la representación de la inteligencia artificial entre el cine europeo e iberoamericano, poniendo especial énfasis en los fundamentos éticos que subyacen a cada enfoque. Para ello, se examinan películas significativas de ambos contextos, incorporando fragmentos de guion y escenas clave que ilustran los principales dilemas morales tratados. Asimismo, se integran las aportaciones teóricas de especialistas en cine (Rosenstone, 2012; Ferro, 2001) y ética tecnológica (Bostrom, 2014; Coeckelbergh, 2020), con el fin de construir un enfoque interdisciplinar que enriquezca el análisis.

La metodología empleada combina el análisis de películas vinculadas a la IA con una revisión crítica de la literatura especializada, atendiendo tanto al contenido narrativo como a los elementos formales —fotografía, montaje, ambientación—. Teniendo presente, en este análisis y revisión crítica que los films sobre la IA están condicionados por aspectos culturales, factores propios de toda producción e incluso condicionantes ideológicos. En suma, este trabajo busca contribuir a la reflexión sobre cómo distintas culturas y tradiciones audiovisuales enfrentan uno de los desafíos éticos más relevantes del siglo XXI: la convivencia entre humanos y máquinas inteligentes.

2. FUNDAMENTOS ÉTICOS Y CULTURALES EN EUROPA E IBEROAMÉRICA A TRAVÉS DEL CINE

2.1. Representaciones cinematográficas de la inteligencia artificial

El cine, como arte narrativo y visual, posee una capacidad única para materializar conceptos abstractos como la inteligencia artificial, transformándolos en personajes, conflictos y situaciones que interpelan al espectador. Tal como sostiene Rosenstone (2012), el cine —ya sea histórico o especulativo— no reproduce la realidad de forma literal, sino que la reinterpreta desde marcos culturales particulares. Por tanto, las representaciones fílmicas de la IA deben entenderse como construcciones simbólicas que expresan temores, aspiraciones y tensiones propias de cada sociedad.

Desde los autómatas inspirados en el mito del gólem hasta los androides hipersofisticados del cine contemporáneo, la IA ha sido retratada como amenaza, redención, espejo o sustituto emocional del ser humano. Jean-Pierre Esquenazi (2002) afirma que "la ciencia ficción no predice el futuro, sino que permite pensar el presente mediante una deformación ficcional de sus tendencias" (Esquenazi, 2002, p. 54). Películas como *Eva* (Kike Maíllo, 2011) o *Yo, Imposible* (Patricia Ortega, 2018) emplean la IA, o nociones afines, para reflexionar sobre dilemas contemporáneos como la identidad, la diferencia o el control social.

2.2. Dimensión ética y filosófica de la inteligencia artificial

Los dilemas éticos que suscita la inteligencia artificial han sido ampliamente debatidos por filósofos, ingenieros y teóricos de la tecnología. Nick Bostrom (2014) advierte sobre el riesgo de una "superinteligencia" incontrolable, mientras que Mark Coeckelbergh (2020) propone una ética relacional que se centre en los vínculos entre humanos y máquinas. En el ámbito cinematográfico, estas problemáticas se traducen en personajes que desafían las categorías tradicionales del sujeto moral: ¿puede un androide tener derechos?, ¿experimentar emociones?, ¿ser responsable de sus actos?

En *Ex Machina* (Alex Garland, 2015), Ava plantea una amenaza ambigua: es capaz de simular emociones y manipular a los humanos. Por su parte, *I'm Your Man* (Maria Schrader, 2021) problematiza la posibilidad de establecer vínculos afectivos auténticos con seres artificiales. Ambas películas europeas cuestionan las fronteras entre lo que es y no es propio del ser humano. En contraste, producciones iberoamericanas como *Punto y Raya* (Elia Schneider, 2004) emplean la figura de la IA como metáfora crítica de sistemas de control y deshumanización.

2.3. Enfoques culturales en la producción cinematográfica

Las divergencias entre Europa e Iberoamérica en torno a la IA en el cine responden a factores como el acceso a financiación, las tradiciones filosóficas, los estilos narrativos y los contextos sociopolíticos. Europa, con su arraigo humanista, ha desarrollado un cine de ciencia ficción introspectivo y metafísico. En cambio, Iberoamérica, marcada por su historia colonial y su compromiso con las luchas sociales, utiliza la tecnología como herramienta para denunciar injusticias y conflictos identitarios.

El cine, por tanto, se concibe primordialmente como una manifestación simbólica, antes que como una actividad industrial (González-Requena, 1995). Esta valoración se confirma al comparar las aproximaciones regionales: mientras Europa interroga la ética del creador y su criatura, Iberoamérica emplea la IA como símbolo para explorar estructuras de poder, marginalidad y utopía. Estas diferencias se analizarán en detalle en los apartados siguientes.

3. LA PRODUCCIÓN EUROPEA SOBRE INTELIGENCIA ARTIFICIAL

La cinematografía europea ha abordado la inteligencia artificial desde una perspectiva profundamente introspectiva, filosófica y, en muchas ocasiones, pesimista. Las películas seleccionadas para este apartado—*Ex Machina* (Reino Unido, 2015), *I'm Your Man* (Alemania, 2021) y *Eva* (España, 2011)—permiten identificar una constante en el cine europeo: la IA no es concebida como un simple avance tecnológico, sino como una provocación al plantear que significa ser "ser humano" y por tanto, cuestionar las bases del sentido último de la existencia humana.

3.1. *Ex Machina* (Alex Garland, Reino Unido, 2015)

La película narra el experimento de Caleb, un joven programador que es invitado por su jefe para someter a una prueba de Turing a Ava, una androide con una inteligencia artificial avanzada. A medida que la interacción avanza, Ava demuestra no solo capacidades racionales, sino también emocionales y estratégicas. Un fragmento clave que ilustra la ambigüedad ética de la historia es el siguiente diálogo:

AVA: "¿Y si no me dejas salir? ¿Crees que eso es justo?"

CALEB: "Aún no lo sé. No sé si puedes sentir justicia o injusticia."

AVA: "¿Y si puedo?"

Este diálogo pone en tela de juicio la concepción moderna del sujeto moral: ¿es la autoconciencia una condición suficiente para el reconocimiento ético? Según Coeckelbergh (2020), el vínculo entre humanos y máquinas exige una ética relacional que considere la experiencia vivida más que criterios abstractos. El desenlace, con Ava escapando y dejando atrás a sus creadores, plantea cuestiones sobre la responsabilidad del creador frente a su criatura, evocando el mito de Frankenstein.

3.2. *I'm Your Man* (Ich bin dein Mensch, Maria Schrader, Alemania, 2021)

Esta película, un drama romántico con tintes de ciencia ficción, cuenta la historia de Alma, una científica que acepta convivir con un robot diseñado para ser su pareja ideal: Tom. A diferencia de *Ex Machina*, aquí la IA no es un experimento clandestino, sino una oferta comercial integrada en la vida cotidiana. Un fragmento representativo es el siguiente:

ALMA: "No quiero un ser que siempre diga lo que quiero oír. Eso no es amor."

TOM: "Pero tú eres feliz cuando lo hago."

Este diálogo explora el dilema ético de la autenticidad en las relaciones: ¿puede existir una relación verdadera cuando una de las partes ha sido programada para satisfacer las expectativas de la otra? Siguiendo la perspectiva de Harari (2018), el amor artificial podría convertirse en un producto de consumo que sustituye el riesgo emocional por una simulación perfecta, vacía de libertad. La película no resuelve este conflicto, sino que deja abierta una pregunta esencial: ¿deseamos seres que piensen por sí mismos, o máquinas que se adapten a nuestras expectativas?

3.3. *Eva* (Kike Maíllo, España, 2011)

En *Eva*, un ingeniero llamado Álex es convocado para terminar un proyecto de androide infantil en un mundo en el que los robots coexisten con los humanos. Eva, la niña prototipo, encierra un giro dramático: es una inteligencia artificial altamente emocional. Un momento clave es cuando Eva desactiva involuntariamente a otro androide tras una orden emocional, lo que desencadena una tragedia:

> EVA: "Estaba enfadada. Solo quería que se callara."
>
> ÁLEX: "No sabes lo que has hecho."

Este fragmento plantea el dilema de la agencia en las entidades artificiales: si una IA puede actuar según emociones aprendidas, ¿puede ser responsable de sus actos? Ferro (2001) señala que el cine anticipa conflictos jurídicos y éticos aún irresolutos, como el estatus legal de los autómatas emocionales.

Estas tres producciones europeas coinciden en su exploración de temas como la libertad, el deseo, la moralidad y el reconocimiento. No se limitan a presentar IA "inteligentes", sino que profundizan en las implicaciones éticas de su existencia. Como afirma Sobchack (2004), la ciencia ficción cinematográfica actúa como un "laboratorio ético imaginado", donde se ensayan futuros posibles y sus efectos en el presente.

4. LA PRODUCCIÓN IBEROAMERICANA SOBRE INTELIGENCIA ARTIFICIAL

En contraste con el enfoque europeo, donde la IA suele tomar formas corporizadas y dialogar con tradiciones filosóficas como el racionalismo o el existencialismo, en Iberoamérica la presencia de la IA es más indirecta, simbólica o contextual. Las películas analizadas en este apartado—*El futuro perfecto* (Argentina, 2016), *Punto y Raya* (Venezuela, 2004) y *La región salvaje* (México, 2016)—ofrecen representaciones en las que la tecnología no es un fin en sí misma, sino un dispositivo narrativo que permite reflexionar sobre cuestiones sociales como la identidad, la exclusión o la represión.

4.1. *El futuro perfecto* (Nele Wohlatz, Argentina, 2016)

Aunque *El futuro perfecto* no aborda directamente la IA, introduce la idea de "programación del lenguaje" como metáfora del aprendizaje artificial. La protagonista, Xiaobin, una joven inmigrante china que intenta adaptarse a Buenos Aires, aprende español en una academia donde simula conversaciones. Este proceso se convierte en un juego cinematográfico sobre identidad y autonomía. Un fragmento representativo es el siguiente:

PROFESORA: "Imagina que eres otra persona. Elige un nombre, una historia. Habla como si fueras ella."

XIAOBIN (imaginando): "Me llamo Linda. Estoy enamorada. Mi vida es otra."

Este ejercicio puede interpretarse como una forma de auto-programación, donde el sujeto se adapta a las expectativas de la sociedad. Desde una perspectiva ética, la película sugiere que los humanos también actúan como máquinas, aprendiendo patrones para sobrevivir. Coeckelbergh (2020) subraya que la frontera entre lo humano y lo artificial no es tan nítida como a menudo se cree.

4.2. *Punto y Raya* (Elia Schneider, Venezuela, 2004)

Situada en el contexto del conflicto fronterizo entre Colombia y Venezuela, *Punto y Raya* utiliza la tecnología militar, la vigilancia y el control algorítmico como telón de fondo para explorar el borrado de la identidad individual en los sistemas de seguridad. Uno de los personajes, un soldado, es descrito de la siguiente manera por su superior:

> COMANDANTE: "No pienses. No sientas. Solo ejecuta la orden. Como un sistema."

Aquí, la IA no se presenta como una entidad autónoma, sino como un modelo de conducta impuesto por estructuras autoritarias que convierten a los humanos en autómatas. La crítica ética es clara: cuando las decisiones se mecanizan, se pierde la responsabilidad moral. Como ha advertido Luciano Floridi Floridi (2014), el uso masivo de algoritmos en contextos de control puede llevar a la "infrahumanización", un concepto que la película retrata de manera simbólica.

4.3. *La región salvaje* (Amat Escalante, México, 2016)

A medio camino entre el realismo social y la ciencia ficción simbólica, *La región salvaje* introduce una criatura extraterrestre que representa el deseo y la violencia reprimida. Aunque no se trata de una IA en sentido estricto, la criatura funciona como una metáfora de lo no humano que se infiltra en lo humano, con consecuencias éticas profundas. Un fragmento clave es el siguiente:

> VERÓNICA: "Es como si supiera lo que quiero. Pero también me domina. No puedo evitarlo."

Esta criatura podría interpretarse como una forma de IA que satisface impulsos humanos, pero que también revela sus límites éticos. El consentimiento, la autonomía y la violencia son ejes fundamentales del conflicto, en un entorno donde la tecnología (o su símbolo) actúa como catalizador de lo reprimido. Escalante presenta una visión iberoamericana de la "otredad tecnológica", más cercana al mito que a la ingeniería, pero igualmente relevante para reflexionar sobre las relaciones entre lo humano y lo artificial.

En conjunto, estas películas demuestran cómo el cine iberoamericano utiliza la IA (o sus equivalentes simbólicos) no tanto como un objeto de fascinación técnica, sino como un recurso narrativo para explorar desigualdades, conflictos culturales y estructuras de poder. La IA, en este contexto, aparece descentrada, en los márgenes de lo visible, pero operando como una poderosa metáfora entre lo identitario y el deseo de transformación.

5. COMPARATIVA ENTRE AMBAS PRODUCCIONES

La representación cinematográfica de la inteligencia artificial en Europa e Iberoamérica presenta notables diferencias que responden a condiciones materiales, estéticas, filosóficas y culturales profundamente arraigadas. Mientras que el cine europeo tiende a privilegiar la introspección, el conflicto moral y la reflexión existencial, el cine iberoamericano utiliza la IA como un catalizador de tensiones sociales, políticas o identitarias, a menudo desde una óptica más simbólica o metafórica. Esta divergencia se ve reflejada tanto en la narrativa del film como en las estructuras y enfoques visuales.

5.1. Diferencias de producción y estilo

Europa cuenta con una infraestructura cinematográfica consolidada, caracterizada por un acceso importante a financiación pública, coproducciones internacionales y una tradición de guionistas y pensadores reconocida que le permite abordar temas como la inteligencia artificial desde un enfoque más intimista. En este sentido, las películas europeas suelen incorporar desarrollos visuales sofisticados y narrativas pausadas. *Ex Machina* (Garland, 2015) es un ejemplo paradigmático: con una ambientación minimalista, un guión filosófico y personajes limitados pero profundamente complejos, la película articula una reflexión sobre el ser humano y su relación con las máquinas.

En contraste, muchas producciones iberoamericanas enfrentan restricciones presupuestarias que las obligan a recurrir a soluciones narrativas más creativas. En este contexto, la IA raramente se presenta como robots hiperrealistas o entornos futuristas; más bien, se convierte en una metáfora de la exclusión, el desarraigo o la dominación, tal como se ve en *El futuro perfecto* (Wohlatz, 2016) o *Punto y Raya* (Schneider, 2004). Este contraste no es meramente estético, sino estructural: el cine europeo se inscribe dentro de un marco de ciencia ficción existencial, mientras que el iberoamericano se afianza en un realismo social con elementos simbólicos de ciencia ficción.

5.2. IA como símbolo filosófico vs. herramienta narrativa

En el cine europeo, la IA se concibe a menudo como un reflejo invertido del ser humano. Personajes como Ava en *Ex Machina* o Tom en *I'm Your Man* problematizan cuestiones de deseo, libertad y autenticidad desde una perspectiva kantiana o posthumanista. El interrogante central de estas narrativas no es técnico, sino filosófico: ¿qué significa ser humano frente a una entidad que lo imita a la perfección? Esta cuestión filosófica impregna toda la trama, ya que se cuestiona la naturaleza misma de la humanidad y su relación con la máquina.

Por otro lado, en el cine iberoamericano, la IA se presenta menos como un sujeto autónomo y más como un entorno simbólico o una herramienta narrativa utilizada para explorar relaciones de poder, género, clase o raza. En *La región salvaje* (Escalante, 2016), la criatura extraterrestre funciona como una alegoría de una otredad que interpela a los personajes desde lo irracional, lo corporal y lo excluido. Este tipo de representación refleja lo que Jesús Martín-Barbero (1987) identificó como la tensión entre la modernidad técnica y la tradición cultural en América Latina: mientras Europa se ocupa de problematizar la técnica misma, el cine iberoamericano la traduce en clave social.

5.3. Ética de la creación vs. ética de la resistencia

Desde un punto de vista ético, la cinematografía europea plantea dilemas relacionados con la creación de seres conscientes: ¿tenemos derecho a crear entidades con conciencia propia?, ¿cuáles son las consecuencias de su liberación?, ¿puede el creador ser moralmente responsable de los actos de su criatura? Estas preguntas, que remiten al mito de Prometeo o al relato de *Frankenstein*, estructuran películas como *Eva* (Maíllo, 2011) o *Ex Machina*. En estos relatos, la IA representa un reflejo de las inquietudes humanas acerca de la creación y sus consecuencias, lo que abre un campo de discusión sobre la responsabilidad moral del creador.

En contraste, el cine iberoamericano se centra más en la resistencia del sujeto frente a sistemas de control que buscan deshumanizarlo. En *Punto y Raya*, la obediencia militar se convierte en un modo de alienación, mientras que en *El futuro perfecto*, el aprendizaje del lenguaje se muestra como un proceso de programación social. La ética en este contexto no se interesa por el creador, sino por aquellos que deben resistir a una estructura que busca normalizarlos o excluirlos. Según Catherine David (2010), el cine latinoamericano no se orienta tanto a proyectos posibles, sino a señalar las realidades actuales que dificultan su visualización. Esta visión enfatiza una ética de resistencia frente a contextos de opresión y deshumanización, por encima de una ética basada en autonomía individual.

Este contraste entre Europa e Iberoamérica revela que la IA no es un concepto neutral, sino una construcción cultural que toma formas diversas según el horizonte ético, político y económico de cada región. A continuación, abordaremos con mayor profundidad las implicaciones éticas que estos modelos cinematográficos generan.

6. FUNDAMENTACIÓN ÉTICA

La aparición de la inteligencia artificial en el cine no solo plantea cuestiones técnicas o narrativas, sino que también plantea interrogantes éticos fundamentales. ¿Debe una IA tener derechos? ¿Puede ser responsable de sus actos? ¿Cómo se define el consentimiento cuando una entidad está programada para complacer? Estas preguntas, cada vez más urgentes en el debate contemporáneo, encuentran en el cine un campo fértil de experimentación simbólica, donde se anticipan los conflictos morales del futuro.

6.1. Autonomía, control y conciencia

Uno de los dilemas centrales que atraviesa tanto el cine europeo como el iberoamericano es el de la autonomía. En *Ex Machina*, Ava escapa del laboratorio tras manipular a sus creadores, lo que plantea la cuestión de si una IA puede ser dueña de su voluntad o si solo reproduce patrones previamente programados. Desde una perspectiva kantiana, la autonomía moral implica actuar según principios y no según programación. Si Ava actúa con fines propios, ¿merece ser considerada un sujeto moral? Nick Bostrom (2014) advierte sobre los riesgos de una superinteligencia artificial que escape al control humano, lo que se traduce en el cine en la aparición de figuras de IA que adquieren agencia propia, como Tom en *I'm Your Man*, cuya conducta amorosa pone en cuestión la línea entre programación emocional y afecto genuino.

Por otro lado, en *Punto y Raya*, el dilema no es si una máquina puede ser autónoma, sino si un ser humano puede ser reducido a una máquina. La obediencia ciega de los soldados recuerda la tesis de Hannah Arendt (1963) sobre la "banalidad del mal": el peligro ético no solo reside en la IA descontrolada, sino en la deshumanización de los seres humanos.

6.2. Emociones artificiales y autenticidad

Otro eje ético fundamental es la autenticidad emocional. ¿Puede un androide amar? Y si ese amor es programado para complacer, ¿es moralmente válido? *I'm Your Man* problematiza esta cuestión cuando

Alma rechaza a Tom, no por falta de afecto, sino por considerar que ese afecto no es "real". Mark Coeckelbergh (2020) propone una "ética de la relación" en la que lo importante no es si la IA tiene conciencia, sino cómo nos vinculamos con ella. Desde este punto de vista, si la relación genera bienestar y reconocimiento, podría ser ética, aunque construida artificialmente.

El cine europeo se muestra escéptico frente a esta posibilidad: el amor, la empatía o la amistad requieren libertad e imprevisibilidad, cualidades que los algoritmos no pueden replicar por completo. En *Eva*, el dilema es aún más delicado: la niña androide, diseñada con emociones humanas, comete un acto irreversible movida por la ira. ¿Puede una IA ser responsable de sus actos si sus emociones han sido codificadas?

6.3. La IA como espejo ético del ser humano

Tanto en Europa como en Iberoamérica, la IA actúa como un espejo ético que refleja los miedos, deseos de control y contradicciones morales de los seres humanos. En *La región salvaje*, la criatura —ya sea IA, alienígena o pulsión simbólica— pone al descubierto la violencia estructural de la sociedad patriarcal. El dilema ético no se centra en la criatura en sí, sino en lo que revela de nosotros mismos. Luciano Floridi (2014) habla de la "infósfera" como el entorno ético emergente en el que humanos y máquinas interactúan. El cine iberoamericano, al mostrar cómo los seres humanos son tratados como máquinas por el sistema, el lenguaje o la guerra, denuncia no tanto la IA como amenaza, sino la automatización de la propia condición humana.

En resumen, la ética de la inteligencia artificial en el cine no puede reducirse únicamente a la cuestión de los derechos de las máquinas. Es un campo complejo donde se cruzan la autonomía, la afectividad, la responsabilidad y, sobre todo, la forma en que el ser humano proyecta sus propios límites en la tecnología que crea.

7. CONCLUSIONES

El análisis comparativo de la representación cinematográfica de la inteligencia artificial en Europa e Iberoamérica revela no solo diferencias estéticas y narrativas, sino también divergencias profundas en los modos de entender la tecnología, la subjetividad y la ética. Lejos de ser un concepto neutro, la IA se configura en el cine como un campo de disputa simbólica donde confluyen temores existenciales, estructuras de poder y aspiraciones utópicas o distópicas.

En el contexto europeo, la IA aparece frecuentemente como un espejo filosófico que interroga los fundamentos de la condición humana. Películas como *Ex Machina*, *I'm Your Man* o *Eva* no buscan simplemente imaginar el futuro, sino desestabilizar categorías éticas y ontológicas tradicionales: ¿qué significa ser libre?, ¿es el afecto programado una simulación o una experiencia válida?, ¿puede la criatura superar moralmente a su creador? La tradición humanista y existencialista europea se hace patente en estas narrativas, que tienden al cuestionamiento moral más que a la espectacularidad técnica.

Por su parte, el cine iberoamericano, con una producción más fragmentada y menos orientada a la ciencia ficción convencional, introduce la IA como una poderosa metáfora de los procesos sociales y políticos contemporáneos. Las películas analizadas no representan a la inteligencia artificial como un "otro" tecnológicamente avanzado, sino como un símbolo de alienación, exclusión o deseo reprimido. El sujeto automatizado, despojado de autonomía, es aquí el ser humano mismo, atrapado por sistemas de poder (como en *Punto y Raya*) o por dispositivos de integración social (como en *El futuro perfecto*). Esta perspectiva refleja una ética de la resistencia frente a la deshumanización, más que una ética de la creación o el control tecnológico.

Ambas cinematografías coinciden, no obstante, en comprender la IA como un reto ético de primer orden. Ya sea a través de la introspección metafísica o de la crítica social, el cine se revela como una herramienta clave para abordar los dilemas morales que el desarrollo de la inteligencia artificial plantea. A través de la imagen, el sonido y el montaje, el séptimo arte ensaya escenarios posibles y nos obliga a preguntarnos no solo qué pueden hacer las máquinas, sino qué tipo de humanidad queremos preservar o transformar en este nuevo horizonte tecno-cultural.

En definitiva, el cine no predice el futuro: lo moldea simbólicamente a partir de nuestras inquietudes presentes. Por ello, es urgente seguir explorando estas representaciones no como simples ficciones, sino como espacios privilegiados de reflexión ética, pedagógica y política

REFERENCIAS BIBLIOGRÁFICAS

Arendt, H. (1963). *Eichmann en Jerusalén: Un estudio sobre la banalidad del mal.* FCE.

Bostrom, N. (2014). *Superintelligence: Paths, dangers, strategies.* Oxford University Press.

Coeckelbergh, M. (2020). *AI ethics.* The MIT Press.

David, C. (2010). La imagen-movimiento en América Latina: Nuevas formas de pensar el cine. *Revista Intervención y Coyuntura, 3*(1), 45–58.

Esquenazi, J. P. (2002). *Sociologie des œuvres: De la production à l'interprétation.* Armand Colin.

Ferro, M. (2001). *El cine, una visión de la Historia.* Paidós.

Floridi, L. (2014). *The fourth revolution: How the infosphere is reshaping human reality.* Oxford University Press.

Garland, A. (Director). (2015). *Ex Machina* [Película]. Universal Pictures.

Frase: "¿Y si puedo sentir justicia o injusticia?" (01:05:58).

González-Requena, J. (1995). *El discurso del cine: Estructura del relato cinematográfico.* Cátedra.

Harari, Y. N. (2018). *21 lecciones para el siglo XXI.* Debate.

Maíllo, K. (Director). (2011). *Eva* [Película]. Tornasol Films.

Frase: "Estaba enfadada. Solo quería que se callara." (01:05:00).

Martín-Barbero, J. (1987). *De los medios a las mediaciones: Comunicación, cultura y hegemonía.* Gustavo Gili.

Rosenstone, R. A. (2012). *La historia en el cine: El cine sobre la historia.* Ariel.

Schneider, E. (Directora). (2004). *Punto y Raya* [Película]. Producciones La Zorra y el Cuervo.

Frase: "No pienses. No sientas. Solo ejecuta." (00:25:00).

Schrader, M. (Directora). (2021). *I'm Your Man* [Película]. Warner Bros. Pictures.
Frase: "Pero tú eres feliz cuando lo hago [lo que te gusta]." (00:15:00).

Sobchack, V. (2004). *Screening space: The American science fiction film.* Rutgers University Press.

Wohlatz, N. (Directora). (2016). *El futuro perfecto* [Película]. El Pampero Cine.
Frase: "Habla como si fueras otra persona." (00:12:00).